中国电梯安全责任保险蓝皮书

（2021）

特种设备保险联合实验室　编著

蓝麒　肖莉　主编

中国劳动社会保障出版社

图书在版编目（CIP）数据

中国电梯安全责任保险蓝皮书. 2021 / 特种设备保险联合实验室编著. -- 北京：中国劳动社会保障出版社，2021

ISBN 978-7-5167-5111-4

Ⅰ. ①中…　Ⅱ. ①特…　Ⅲ. ①电梯 – 安全管理 – 责任保险 – 研究 – 中国 – 2021　Ⅳ. ①F842.686

中国版本图书馆 CIP 数据核字（2021）第 195341 号

中国劳动社会保障出版社出版发行

（北京市惠新东街 1 号　邮政编码：100029）

*

三河市华骏印务包装有限公司印刷装订　新华书店经销

787 毫米 ×1092 毫米　16 开本　8.5 印张　133 千字

2021 年 11 月第 1 版　　2021 年 11 月第 1 次印刷

定价：68.00 元

读者服务部电话：（010）64929211/84209101/64921644

营销中心电话：（010）64962347

出版社网址：http://www.class.com.cn

编委会

顾　　问　刘三江　降彩石

主　　编　蓝　麒　肖　莉

副 主 编　周磊磊　王小轮

编写人员　田　铮　郭　航　谭明波　白　阳　张绪鹏

任崇宝　王成竹　刘　欣

前言

随着经济社会的不断发展，人民群众在生活和工作中会经常使用电梯，电梯安全也逐渐成为人民群众日益关心、媒体特别关注的民生工程。电梯拓展了人类生存和活动的空间，现代化的城市和高楼大厦越来越离不开电梯。相关统计数据显示，截至2020年底，我国电梯总数已经高达786.55万台，占据了全国特种设备总数的47.72%；2005—2020年10余年间，电梯总数增长了721.37万台，增长了11倍多；电梯保有量、年产量、年增量、年安装量均为世界第一，其中2020年占据了全球80%的电梯产量和40%的在用电梯数量。我国电梯安全水平已经接近发达国家，随着经济的不断发展、人们生活水平的不断提高，人们的安全意识的逐步提高，对电梯安全的要求也越来越高。而近年来，全国各地电梯困人、坠落、伤亡等事故频发，“电梯惊魂”接连上演，这些故障乃至事故的发生直接威胁人民群众的生命财产安全，引起了社会广泛关注。

扩大电梯保险服务范围，试点开展电梯“保险+服务”新模式，发挥其事故赔偿作用与风险预防功能，同时融合信息化手段，有助于破解电梯安全监管资源不足的难题，提升维保质量，降低电梯故障率和事故率。因此，电梯保险机制成为电梯管理部门转变职能的有效抓手和提升安全治理水平的得力助手，得到政府部门的认可。

2018年2月，国务院办公厅印发《关于加强电梯质量安全工作的意见》，提出推动发展电梯安全责任保险，探索有效保障模式，及时做好理赔服务，化解矛盾纠纷的要求；2020年4月，国家市场监督管理总局印发《关于进一步做好改进电梯维护保养模式和调整电梯检验检测方式试点工作的意见》，要求大力推进电梯安全责任保险。因此，创新性地探索建立电梯安全责任保险制度，研究制定电梯运行的维保、维修、报废更换问题的一揽子解决方案势在必行。

为了完善和提升我国电梯安全责任保险的理论内容和制度体系，本蓝皮书基于“保险+服务”的视角，梳理了电梯安全数据分析体系，阐述了电梯安全责任保险概念框架，提出了我国电梯安全责任保险政策法规内容，归纳了电梯安全责任保险运行模式，明晰了电梯安全责任保险制度保障机制，展望了电梯安全责任保险未来路径，希冀为我国电梯安全责任保险的制度优化提供参考，为“保险+服务”模式的普及提供支撑。本蓝皮书通过深入研究，包括以下章节内容：

第一章，电梯发展历史及产业概述。对电梯发展历史进程及我国电梯发展概况进行了概括性分析，对电梯的分类体系进行了阐述；从电梯产量及保有量、人均保有量、在用电梯数量及电梯产业区域集聚水平等角度系统梳理了我国电梯产业发展概况。

第二章，国内外电梯安全现状。对我国电梯安全的事故类型、事故概况、事故原因及典型事故案例等内容进行了梳理；探讨了欧盟、美国及韩国的电梯安全发展现状，为后续研究奠定了坚实基础。

第三章，电梯安全责任保险概述。通过大量的文献调研、资料整理及保险条款归纳，给出了电梯安全责任保险的定义和作用；以杭州、宁波、成都和厦门为例，提炼了电梯安全责任保险的发展历程及现阶段的模式创新；从宏观和微观的存量视角，分析了电梯安全责任保险的市场现状，从加装电梯和按需维保的增量视角，系统分析了电梯安全责任保险的市场潜力，厘清电梯安全责任保险发展的关键环节。

第四章，我国电梯安全责任保险的法治环境。系统性地梳理了电梯安全责任保险国家层面的法律法规和地方层面的标准规范。

第五章，电梯安全责任保险运行模式及应用案例分析。分析了传统第三者责任保险的统保示范模式，梳理了“保险+服务”宁波、杭州和成都等“保险+维保”“保险+养老”“保险+运营”及“保险+物联网”运行模式，并给出了案例分析；基于加装电梯的出资方式、面临的问题及实践情况，详细阐述了加装电梯综合保险模式。

第六章，电梯安全责任保险发展困境。从电梯保险顶层设计、电梯责任主体、保险服务模式、信息机制四大视角出发，对电梯安全责任保险发展面临的困境进行梳理；以加大引导性政策措施、细化保险作用范围、标准化保险服务和解决数据信息孤岛为核心要素，为电梯安全责任保险的进一步发展提供了政策建议。

第七章，电梯安全责任保险制度优化。以优化电梯安全责任保险的保障制度为目的，对“保险 + 服务”模式运行机制的完善进行了深入研究；从明确责任主体出发，推进立法工作；从制定行业标准出发，推广创新模式；从专项维修资金出发，打通保费来源；从信息共享机制出发，建立多元共治治理体系。

第八章，保险科技新技术应用及发展趋势。从数据采集、风险评价及数据分析分别论述了物联网、人工智能及大数据等科技新技术对“保险 + 服务”模式的影响；详细介绍了“电梯安全卫士”的电梯维保智能管理、电梯维修更换智能管理、现场质量巡查、电梯救援派单、电梯运行安全监测平台、电梯安全综合评估、电梯安全大数据中心、对接中心、管理中心及综合展示平台等 10 大系统功能。

第九章，愿景。展望了电梯安全责任保险“保险 + 服务”模式。

在撰写过程中，作者力求阐述清晰、分析详实，希冀为我国电梯安全责任保险及“保险 + 服务”模式研究贡献一份力量，但受限于能力和水平，疏漏和不妥之处在所难免，在此恳请同行专家和各界读者朋友批评指正并提出建议。

编写组

2021 年 11 月

Introduction

With the continuous development of economy and society, elevators are often used in the lifes and work of people, and elevator safety has gradually become a livelihood project that the people are increasingly concerned about and the media pay special attention to. Elevator expands the space of human survival and activity, which is increasingly important to modern urban and high-rise buildings. Related statistics show that as of the end of 2020, the total number of elevators has reached 7.8655 million units, accounting for 47.72% of the total number of special equipment; more than 10 years between 2005–2020, an increase of 7.2137 million the total number of elevator units, an increase of 11 times; elevator ownership, annual, annual increment, annual installed capacity ranked first in the world, which in 2020 it will account for 80% of the global elevator production and 40% of the number of elevators in use. With the continuous development of the economy, people's living standards continue to improve, people's safety awareness has gradually improved, and the requirements for elevator safety are getting higher and higher. In recent years, elevator accidents such as falls, casualties, etc. has occurred frequently, and "elevator panic" has been staged one after another. These failures and even accidents directly threaten the safety of the people's lives and property, causing widespread concern in the society.

Expand the scope of the elevator insurance service, pilot the new model of the elevator "insurance + service", play its accident compensation and risk prevention function, and integrate informationization means to help crack the problem of insufficient safety supervision resources in the elevator, improve the quality of maintenance, reduce elevator failure rate and accident rate. Therefore, the elevator insurance mechanism has become a valid starting hand of the elevator management department and enhance the level of safety governance level to obtain the approval of government departments.

In February 2018, the General Office of the State Council issued the *Opinions on Strengthening the Quality and Safety of Elevator*, pointing out to promote the development of elevator liability insurance, explore effective protection models, provide timely claims services, and resolve the conflicts and disputes; in April 2020, the State Administration for Market Regulation issued the *Opinions on Further Improved Elevator Maintenance Model and Adjusting Elevator Test and Detection Methods*, and requesting vigorous promotion of elevator liability insurance. Therefore, it is imperative to innovatively explore the establishment of an elevator safety liability insurance system, and to study and formulate a package solution for the maintenance, repair and replacement of elevator operation.

In order to improve and enhance the theoretical content and institutional system of our country's elevator safety liability insurance, this Blue Book bases on the "insurance + service" perspective, combing the elevator safety data analysis system, expounds the elevator liability insurance conceptual framework, and proposes our country's elevator liability insurance policy. The contents of the regulations summarize the elevator liability insurance operation mode, clear the elevator liability insurance system guarantee mechanism, and prospects the future path of elevator liability insurance, and the system optimization of my country's elevator liability insurance provides a reference, providing a popularity of "insurance + service" model support. This Blue book has passed in-depth research, including the following chapters:

Chapter 1 is the elevator development history and industrial outline. A general analysis of the elevator development history process and our country's elevator development profile, elaborated from the classification system of the elevator; from elevator yield and protection, the amount of per capita protection, the number of elevators and elevator industrial region aggregation levels overview of our country's elevator industry development.

Chapter 2 is the status quo of elevator safety at home and abroad. The content of accident types, accidents, accidents, and typical accident cases of our country's elevator security is combed; discusses the current situation of elevator safety development in EU, the United States and South Korea, and laid a solid foundation for follow-up studies.

Chapter 3 is the elevator liability insurance overview. By summarizing a large number of literature research, data finishing and insurance terms, the definition and role of elevator liability insurance is given; with Hangzhou, Ningbo, Chengdu as an example, refine the development history of elevator liability insurance and the mode innovation in the current stage; from the perspective of macro and microscopic stock, the market status of elevator liability insurance is analyzed ;from the incremental angle of increment of elevators and on-demand maintenance. Besides, the market potential of elevator liability insurance is systematically analyzed, and the key links of elevator liability insurance is clarified.

Chapter 4 is the rule of law environment of our country's elevator liability insurance. Laws and regulations and policy documents of elevator liability insurance at the national and local level are systematically combed.

Chapter 5 is the operation model and application case analysis of elevator liability insurance. The system of consolidated demonstration model of traditional third party liability insurance has been analyzed, combed."insurance + service" of Ningbo, Hangzhou, Chengdu's "insurance + maintenance", "insurance + pension" and "insurance + operation" operation mode, and case analysis is given; based on the inclusion of the elevator, the problem of installing the elevator and the practice of the elevator, and the installation of the elevator integrated insurance model is described in detail. Based on the financing method of installation of elevators, the problems faced by the installation of elevators and the practice of installing elevators, the comprehensive insurance of installation of elevators is elaborated.

Chapter 6 is the development dilemma of elevator liability insurance. From four perspectives of elevator insurance top-level design, elevator liability subject, insurance service model, and information mechanism, the dilemma faced by elevator safety insurance insurance is sorted out; to increase guiding policy measures, refine the scope of insurance coverage and standardize insurance services and solving data information is island as a core element, which provides policy advice for further development of elevator safety liability insurance.

Chapter 7 is the optimization of elevator liability insurance system. According to the purpose of optimizing the guarantee system of elevator liability insurance, in-depth research has been conducted on the improvement of the operation mechanism of the "insurance + service" model; the legislative work should be promoted from the clear responsibility subject; the innovative model should be promoted from the formulation of industry standards; and the special maintenance starting from the fund, leveraging the sources of premiums. starting from the information sharing mechanism , establish a multi-governmental system.

Chapter 8 is the application and development trend of new technology in insurance technology. From data collection, risk evaluation and data analysis, it discusses the impact of new technologies such as the Internet of Things, artificial intelligence and big data on "Insurance + Service" model; the top 10 system functions of "Elevator Security Guard" mainly include elevator maintenance intelligence management, elevator maintenance replacement intelligent management, on-site quality inspection, elevator rescue form, elevator operation safety monitoring platform, elevator safety comprehensive assessment, elevator safety Big Data Center, Docking Center, Management Center and Comprehensive Display Platform are detailed explanation.

Chapter 9 is the vision. It looks into the future of the "insurance + service" mode of elevator liability insurance.

In the process of writing, the author has made every effort to explain clearly and analyze in detail, hoping to contribute to the research of our country's elevator liability insurance and "insurance + service" model, but limited by ability and level, omissions and improprieties are inevitable. I hereby urge fellow experts and readers from all walks of life to criticize ,correct and make suggestions.

Writer Group

Nov. 2021

目 录

第一章 电梯发展历史及产业概述

近年来，随着城市化、城镇化进程的不断推进，我国在用电梯数量呈指数级增长，电梯产业链也臻至完善，在用电梯数量、电梯产销量已跃居世界首位，成为亚洲乃至全球最大的电梯生产和消费市场。

第一节 电梯发展历史

一、电梯发展演进

早在公元前2600年，埃及人在建造金字塔时就使用了最原始的升降系统，其基本原理至今仍无变化。电梯作为升降设备，在我国其起源可以追溯到公元前1100年左右的周代，我国古人发明了辘轳，它采用卷筒的回转运动完成升降动作，增加了提升物品的高度。公元前236年，希腊数学家阿基米德设计制造了由绞车和滑轮组构成的起重装置。这些历史上早期的升降工具的驱动力一般是人力或畜力，到19世纪初期，欧美国家开始使用蒸汽机作为升降工具的动力。1845年，威廉·汤姆逊发明了第一台液压驱动的升降机，其液压驱动的介质是水。以上各个历史时期的升降系统都可以看作是电梯的雏形，见表1-1。

表 1-1　各个历史时期的升降系统

公元前 2600 年，埃及人使用了最原始的升降系统	
公元前 1100 年左右，我国古人发明了辘轳	
公元前 236 年，阿基米德发明了起重装置	

提到现代意义上的电梯，就不得不从电梯的发明谈起，资料显示，全世界第一部安全电梯是由美国机械师艾立沙·格拉弗斯·奥的斯在 1852 年发明的，并在 1854 年美国纽约水晶宫举行的世界博览会上第一次公之于众，如图 1-1 所示。因此，奥的斯也被人们称为“电梯之父”。奥的斯的发明彻底改写了人类使用升降工具的历史，之后，随着高层、超高层建筑的大量涌现，电梯在世界范围得到了广泛应用。从 1854 年进入人类的视线开始，电梯的发展经历了从 1857 年的第一部载人运行电梯，到 1889 年的第一部电力驱动涡轮减速电梯，再到 20 世纪中期开始出现的液压电梯并直至当今社会人类乘坐的各种类别智能信号电梯。随着

全球人口快速增长和城市化进程不断加快，人们对便捷生活的要求越来越高，特别是在高层建筑不断发展的同时，电梯工艺、质量和安全的发展进程也在不断完善和提升。

图 1–1　1854 年奥的斯发明了世界第一部电梯

从电梯技术的发展历程来看，19 世纪初，欧美等国家开始用蒸汽机作为升降工具的动力。1889 年，升降机开始采用电力驱动，电梯开始快速发展。

电梯驱动控制技术经历了直流电机驱动控制，交流单速电机驱动控制，交流双速电机驱动控制，直流有齿轮、无齿轮调速驱动控制，交流调压调速驱动控制，交流变压变频调速驱动控制，交流永磁同步电机变频调速驱动控制等阶段。20 世纪初开始出现了交流感应电动机驱动的电机，20 世纪上半叶，直流调速系统在中高速电梯中占有较大的比例。1967 年，晶闸管开始应用于电梯驱动，交流调压调速驱动控制的电梯出现，使交流电梯得到了快速的发展。1983 年，日本三菱电机公司开发了变频变压调速电机，出现了变压变频控制电梯。20 世纪 90 年代，通力、三菱、迅达、奥的斯先后开发了无机房电梯，无机房电梯的曳引机和控制柜被安置于井道中，省去了独立机房，节约了建筑成本，同时还具有节能、无油污染、免维护、安全性高的特点。

电梯操控经历了从手柄开关操纵、按钮控制、信号控制、集选控制、人机对话控制等，到多台电梯群控、智能群控调度的过程。1915 年奥的斯推出了微调节自动平层的电梯；1924 年奥的斯研发了电梯信号控制系统，大大简化了电梯操作步骤；1928 年出现了集选控制电梯；1946 年电梯群控方式问世，并于 1949 年在纽约联合国大厦投入使用。1979 年，奥的斯把计算机控制技术引入电梯系统，开发了基于微型计算机和微处理器的电梯控制系统。国际上，几家大的电梯公司更是将智能控制应用到电梯群控系统，主要采用了包括专家系统、模糊控制、人工神经网络、遗传算法、带有学习功能预测等技术。

电梯控制元件则是从继电器、可编程序控制器发展到电梯专用电脑板。轿厢则从单层轿厢、双层轿厢电梯，发展到一个井道运行两台电梯，节省井道空间。同时，不同外形的扇形、三角形、半棱形、圆形轿厢观光电梯则使身处其中的乘客的视线不再封闭。电梯的运行速度也屡屡创下新纪录——2019 年竣工的“广州周大福金融中心”的日立超高速电梯速度达到 20 m/s，获得了世界最高速电梯吉尼斯世界纪录；2020 年竣工的上海中心大厦电梯由日本三菱电机制造，速度达到了 20.5 m/s。依据世界高层建筑与都市人居学会（CTBUH）数据，当今世界摩天楼电梯最快运行速度前三名分别是上海中心大厦（20.5 m/s）、广州周大福金融中心（20 m/s）、台北 101 大厦（16.83 m/s）。

1900 年，美国奥的斯公司通过代理商获得在中国的第一份电梯合同。1901 年，中国第一部电梯出现在上海南京路 11 号福利公司大楼，这是一台以水力作为动力的电梯。1908 年安装在上海汇中饭店的电梯是当时世界上最先进的自动电气式电梯，从一楼到顶层，每层都可以自动停、动、开、合，被评为上海滩“管理最好”的电梯，一直到二十世纪三四十年代还在运行。1952 年，天津市庆生电机厂制造出第一台国产电梯，载重量为 1 000 kg，速度为 0.70 m/s，交流单速、手动控制，五一国际劳动节前夕安装在北京天安门城楼上。1952 年，上海交通大学设置起重运输机械制造专业，还专门开设了电梯课程。1954 年，上海交通大学起重运输机械制造专业开始招收研究生，电梯技术是研究方向之一。

自动扶梯是电梯中的一种特殊类型。1859 年 8 月 9 日，美国人内森·艾姆斯（Nathan Ames）发明了一种旋转式楼梯的专利，被认为是现代自动扶梯的最早构思。1892 年，美国人乔治·韦勒（George H. Wheeler）发明了可与梯级同步移动的扶手带，这是里程碑式的发明，使自动扶梯成为可能。同年，美国人杰斯·雷诺（Jesse W. Reno）发明了倾斜输送机，并获得专利。到了 1903 年，雷诺又改良了输送机的踏乘表面，增加了凹槽，并把倾斜角度减少到 12° 左右。1898 年，雷诺将专利卖给了查理斯·西伯格（Charles Seeberger）。西伯格于 1899 年加入了美国奥的斯电梯公司，并引入了自动扶梯（escalator）这个新名词。“Escalator”一词由“scala”（楼梯）和“elevator”（电梯）组合得到，由查理斯·西伯格创造，并且在1900年注册为独家使用的商标。1910年，西伯格将“Escalator”商标转让给奥的斯。此后，奥的斯独家占有“Escalator”的使用权长达40年。直到1950年，“Escalator”才开始作为非注册性的通用名称在公共场所使用。1899年，奥的斯公司在纽约州制造出第一条有水平梯级、活动扶手和梳齿板的自动扶梯，并在1900年的巴黎博览会上以“自动扶梯”为名展出。

自动扶梯最先进入中国是在1935年，当时的上海大新百货安装了两台奥的斯单人自动扶梯，连接地面至二层和二层至三层。在1949年之前，由于技术水平落后，我国仅有几家电梯装配及维修工厂，国内安装的自动扶梯基本都从国外进口。我国自行设计制造的第一台自动扶梯于1960年在北京火车站的候车大厅内安装并投入使用，用于将进入大厅的客流送至二层候车室，这4台自动扶梯常年满载运行，但却能安全运行近20年，直至20世纪80年代初北京火车站改造时才被更新。1971年，中国第1台全透明无支撑自动扶梯安装在北京地铁。1972年10月，上海电梯厂60 m大提升高度自动扶梯试制成功，安装在朝鲜平壤市金日成广场地铁站，这是中国最早生产的大提升高度自动扶梯。从中华人民共和国成立至20世纪70年代末期，由于基础工业的落后和市场需求的限制，大陆地区自动扶梯的安装总量仅有1万台左右。改革开放之后，国内经济高速发展，自动扶梯的需求量也出现跨越式增长，但是由于技术水平的限制，不得不引进外资以尽快提高整个行业的技术水平。从2000年开始，我国的经济发展进入了崭新的阶段，基础工业也更具规模，伴随城市建设的加速，自动扶梯的市场需求量也大大增加。目前国内从事自动扶梯生产的企业多达100多家。

早期自动扶梯的梯级以木料制成，现代的自动扶梯的梯级以金属制造，每节梯级以下是三角形的支架。支架底部是高低两条轴，轴上有轮。每边的两个轮在不同的轨道上行走，通过改变轨道之间的距离，使梯级保持水平。各梯级支架上方的轮则以铰链连接。自动扶梯顶部梳齿板之下装有电动机，带动铰链移动梯级。当梯级走到自动扶梯的尽头时，会先转成平排让乘客离开，然后经过梳齿板，再倒转向下，向另一方向走，循环运行。

自动扶梯采用牵引链条方式驱动载人梯级，中间也出现过用齿条驱动的形式，配以中间驱动方式，但主流仍是牵引链条。随着电子技术的飞速发展，可编程序控制器、微处理器等使自动扶梯控制系统更为精准。自动启动的自动扶梯节省了能源，而变速式自动人行道则大大节省了行人的时间。自动扶梯安全性方面，为防止乘客在搭乘自动扶梯时滑倒，改进了梯级踏面上的凹槽设计，提高了防滑性能；梳齿板的发明，方便乘客的过渡并与梯级、踏板或自动人行道胶带相啮合，并且其形状将其与梯级、踏板或自动人行道胶带之间造成夹脚的危险降到最低；裙摆毛刷的发明，是防止乘客由于过于靠近裙摆而发生衣物被夹住的风险。自动扶梯乘坐性改善方面，最初自动扶梯从地面到扶梯之间没有过渡段，乘客在进出扶梯时搭乘很不方便，后来设计出了水平移动段，并在水平移动段与倾斜段之间设计出圆弧过渡。

自动扶梯发展至今已经有 100 多年历史，使人们出行更加便捷。自动扶梯作为运输旅客或者物品的交通工具，极大地缩短了到达目的地的距离；自动扶梯的使用使得商场、地铁、机场、火车站等短路程大流量的人群运输、疏散更加迅速，避免造成人群拥堵。

如今，电梯（包括自动扶梯）已成为与人们日常生活密不可分的垂直工具。目前，世界各国的电梯公司还在不断地进行电梯新产品的研发、维修保养服务系统的完善，力争满足人们对现代建筑交通日益增长的需求。

综上所述，自电梯发明以来，电梯样式由直式拓展到斜式、平式、旋转式等；在操纵控制方面更是步步创新，经历了手柄开关操纵、按钮控制、信号控制、集选控制、人机对话等，多台电梯还出现了并联控制、智能群控；双层轿厢电梯显示出节省井道空间、提升运输能力的优势；变速式自动人行道的出现大大节省了行人的时间；不同外形（包括扇形、三角形、半菱形、半圆形、整圆形）的观光电梯则使身处其中乘客的视线不再封闭。调频门控、智能远程监控、节能主机、低噪声控制柜、复合钢带等集成了人类在机械、电子、光学等领域最新科研成果的新型电梯竞相问世，电梯发展及其技术的不断革新，演绎着人类在超高层建筑中生活及商业活动的各种记录，高效推动经济社会的进步发展。

二、我国电梯发展概况

我国电梯行业的发展和应用相较于世界发达国家来说，从借鉴国外技术经验到民族品牌的研发，经过了 70 年的发展历程，我国电梯产量及保有量已跻身世界前列。其发展大体可总结为 4 个阶段：（1）自中华人民共和国成立初期到 20

世纪 70 年代末的起步发展阶段；（2）20 世纪 80 年代至 20 世纪末的外资引进阶段；（3）21 世纪以来的民族品牌壮大阶段；（4）2008 年以来的行业高速发展阶段。如图 1–2 所示。

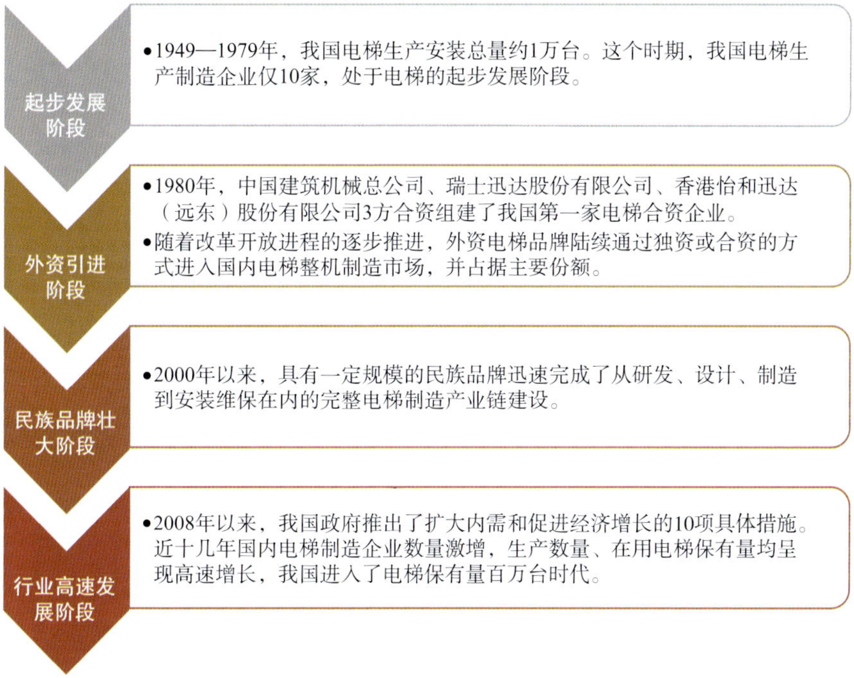

图 1–2　我国电梯行业发展的 4 个阶段

1. 起步发展阶段

自中华人民共和国成立到 20 世纪 70 年代末，我国电梯发展处于起步阶段，1949—1979 年，全国生产安装电梯约 1 万台。这些电梯主要是直流电梯和交流双速电梯，这个时期我国电梯生产企业仅 10 家。

2. 外资引进阶段

1980—2000 年，我国电梯行业进入了外资引进阶段。1980 年，中国建筑机械总公司、瑞士迅达股份有限公司、香港怡和迅达（远东）股份有限公司 3 方合资组建中国迅达电梯有限公司，成为我国第一家电梯合资企业。随着改革开放进程的逐步推进，具备先进技术的国外电梯企业纷纷进入国内市场。在此时期，外资品牌陆续通过独资或合资的方式进入国内的电梯整机制造市场。这个时期电梯的发展，可以说是一部引进外资的发展史，其中又可以细分为 4 个阶段，见表 1–2。

表 1–2　我国电梯行业外资引进阶段

时间	标志	事件
第一阶段 （1980—1989 年）	世界电梯行业中的四大家族进入中国，电梯企业以中外合资为主，兼有合作企业，基本为中方控股	1980 年，中国迅达电梯有限公司成立 1984 年，天津奥的斯成立 1987 年，上海三菱成立 1988 年，苏州迅达成立
第二阶段 （1990—1995 年）	世界主要电梯企业加速进入中国，合资企业大幅增加，但已开始出现外方控股的趋势	1993 年，广州奥的斯成立（奥的斯控股），迅达控股苏州迅达 1994 年，奥的斯控股天津奥的斯 1995 年，沈阳东芝（东芝控股）、上海崇友东芝成立（崇友和东芝各控股 50%），中山蒂森成立（蒂森控股）
第三阶段 （1996—1997 年）	世界几乎所有大型电梯企业进入中国，成立合资企业，基本由外方控股	1996 年，迅达控股中国迅达，广州日立合资 1997 年，西子奥的斯成立，华升富士达成立（富士达控股），大连星玛（LG）成立（LG 控股）
第四阶段 （1998—2000 年）	世界主要电梯企业开始在中国增资、重组。除上海三菱外，所有引进品牌电梯企业都为外方控股或独资	1998 年，昆山通立成立（独资） 2000 年，上海崇友东芝变为独资企业

3. 民族品牌壮大阶段

21 世纪初期，我国掀起了新一轮的经济体制改革和技术进步热潮，电梯行业通过借鉴国外先进技术，民族品牌经过不断探索和发展，进一步发展壮大，康力电梯、江南嘉捷、远大智能、梅轮电梯等一部分具有一定规模的民营电梯企业迅速完成了从研发、设计、制造到安装维保在内的完整电梯制造产业链的建设。因此，自 2000 年以来，我国电梯发展迎来了民族品牌逐渐壮大的历史新时期。

4. 行业高速发展阶段

2008 年以来，我国政府推出了扩大内需和促进经济增长的 10 项具体措施。国内电梯制造企业数量激增，生产数量、在用电梯保有量均呈现高速增长态势，我国进入了电梯保有量百万台时代。

三、电梯分类介绍

电梯是指动力驱动，利用沿刚性导轨运行的厢体或者沿固定线路运行的梯级（踏步），进行升降或者平行运送人、货物的机电设备，包括载人（货）电梯、自动扶梯、自动人行道等，如图 1–3 ~ 图 1–5 所示。

图 1–3 载人（货）电梯

图 1–4 自动扶梯

图 1–5 自动人行道

纵观世界各个品牌的电梯，依据建筑高度、用途及客流量（或物流量）等标准的不同，其分类方式也不同。综合来说，目前电梯的分类大致以按用途、驱动方式和运行速度进行划分，见表 1–3 ~ 表 1–5。

表 1-3　按用途分类

电梯名称	电梯说明	电梯图示
乘客电梯	为运送乘客设计的电梯，要求有完善的安全设施以及一定的轿厢内装饰	
载货电梯	主要为运送货物而设计，通常有人伴随的电梯	
医用电梯	为运送病床、担架、医用车而设计的电梯，轿厢具有长而窄的特点	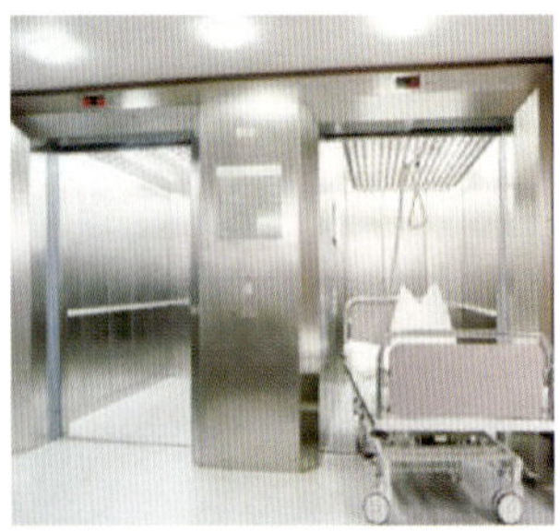
杂物电梯	为图书馆、办公楼、饭店运送图书、文件、食品等设计的电梯	

续表

电梯名称	电梯说明	电梯图示
观光电梯	轿厢壁透明，供乘客观光用的电梯	
车辆电梯	用做装运车辆的电梯	
船舶电梯	船舶上使用的电梯	
其他类别电梯	除上述常用电梯外，还有些特殊用途的电梯，如冷库电梯、防爆电梯、矿井电梯、电站电梯、消防员用电梯等	

表 1–4　按驱动方式分类

曳引驱动电梯	采用曳引轮作为驱动部件，钢丝绳悬挂在曳引轮上，一端悬吊轿厢，一端悬吊对重装置，由钢丝绳和曳引轮之间的摩擦力产生驱动力使轿厢作上下运动
强制驱动电梯	用链或钢丝绳悬吊的非摩擦方式驱动（卷筒）的电梯
液压电梯	一般利用电动泵驱动液体流动，由柱塞带动轿厢升降的电梯
齿轮齿条电梯	将导轨加工成齿条，轿厢装上与齿条啮合的齿轮，电动机带动齿轮旋转使轿厢升降的电梯
螺杆式电梯	将直顶式电梯的柱塞加工成矩形螺纹，再将带有推力轴承的大螺母安装于油缸顶，然后通过电机经减速机（或皮带）带动螺母旋转，从而使螺杆顶升轿厢上升或下降的电梯
其他电梯	如链条链轮式驱动、气压式驱动等电梯

随着电梯技术的不断发展，电梯速度越来越快，区别高、中、低速电梯的速度限值也在相应地提高。国际上关于电梯速度并无严格的分类方法，我国习惯上按表 1–5 分类。

表 1–5　按运行速度分类

低速梯	常指速度低于 1 m/s 的电梯
中速梯	常指速度为 1 ~ 2 m/s 的电梯
高速梯	常指速度大于 2 m/s 的电梯
超高速梯	常指速度超过 5 m/s 的电梯

除了以上常见分类之外，还有按操纵控制方式和其他分类方式对电梯进行更细致的划分，这里不再详细列举。同时，随着计算机技术和电力电子技术的发展，现代电梯已经成为典型的机电一体化产品。电梯产品也可以看作是以零部件形式出厂，总装配在工地现场进行，通过机械零部件之间的装配和机械装置与土建结构之间衔接完成安装的一体化机械设备。因此，对电梯零部件的分类介绍可以更直接地了解电梯的构成和作用。

这里主要以常见的曳引驱动乘客电梯为例进行介绍，见图 1-6、表 1-6。

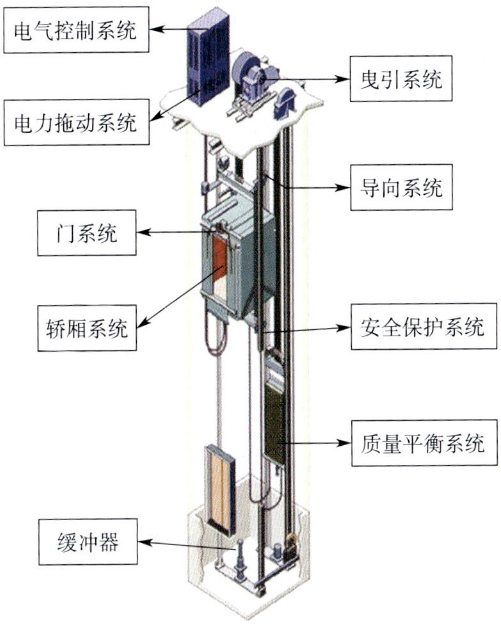

图 1-6　电梯结构示意图

表 1-6　电梯系统结构及功能

电梯系统结构		功能作用	零部件细分
机械系统	曳引系统	输出与传递动力，使电梯运行	曳引机、曳引钢丝绳、导向轮、反绳轮
	导向系统	限制轿厢与对重的活动自由度，使轿厢和对重只能沿导轨做升降运动	导轨、导靴和导轨架
	轿厢系统	运送乘客和货物	轿厢架、轿厢体
	门系统	封住层站入口和轿厢入口	轿厢门、层门、开机门、门锁装置
	质量平衡系统	相对平衡轿厢质量，在电梯工作中能使轿厢与对重间的质量差保持在限额之内，保证电梯的曳引传动正常	对重装置、补偿装置

续表

电梯系统结构		功能作用	零部件细分
电气系统	电力拖动系统	提供动力、实现电梯速度控制	电动机、供电系统、速度反馈装置、电动机调速装置
	电气控制系统	操纵和控制电梯的运行	操纵装置、位置显示装置、控制屏（柜）平层装置、选层器
	安全保护系统（包含缓冲器）	保障电梯安全使用	限速器、安全钳、缓冲器、端站保护装置

第二节　电梯行业概述

电梯行业产业链可以概括为：原材料→生产制造→整梯销售→安装运维，如图 1-7 所示。原材料里需求量最多的是不锈钢板材，稀土作为永磁电动机里永磁体的主要原材料也有一定的需求量。在下游整梯销售中，60% 的需求来自商业住宅，剩下的 40% 来自写字楼、机场、轨道交通、酒店、商场等公共建筑。

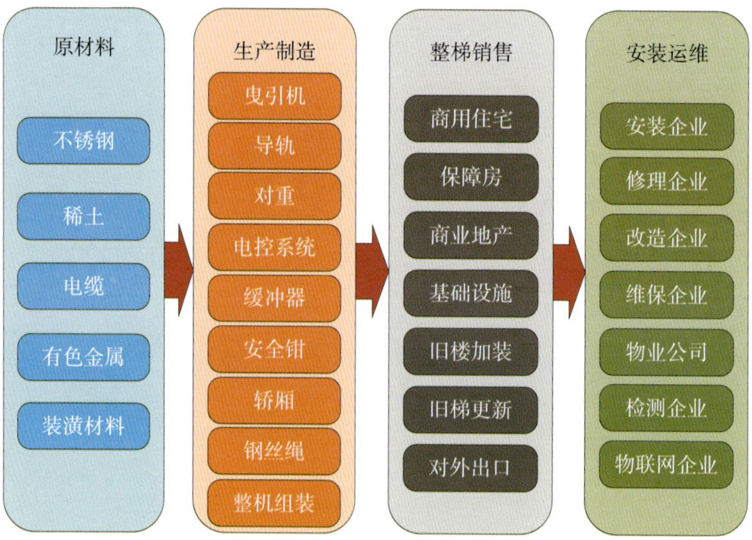

图 1-7　电梯行业产业链

一、电梯产销情况

1980 年我国电梯产量仅为 2 200 余台，2005 年则为 13.5 万台，20 余年间增长了 60 多倍。经过 40 余年的发展，电梯产业已经从最初的新兴产业变成为成熟产业。综合来看，其发展速度远高于我国 GDP 的增速，速度惊人。尤其自 2010 年以来，随着城镇化不断发展、基础设施投资建设和旧楼加装电梯等政策的推动下，电梯生产制造速度呈爆发式增长，2011—2020 年的 10 年间，电梯产量年均增长率为 13.85%，如图 1–8 所示。

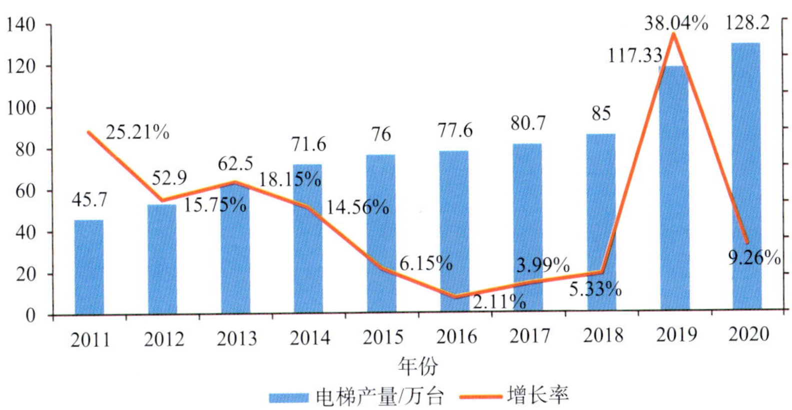

数据来源：国家统计局、《中国电梯行业商务年鉴》及互联网资料

图 1–8　2011—2020 年我国电梯、自动扶梯及升降机产量

随着城镇化发展、“中国制造 2025”、“一带一路”倡议和制造业产业升级等带来的机遇，以及我国民族品牌电梯企业不断加强自主创新、突破技术瓶颈，我国电梯保有量，即在用电梯总量，2011—2020 年 10 年间增长了约 4 倍，大大高于一般工业设备的增长率，目前我国已成为全球电梯保有量最多的国家，如图 1–9 所示。

电梯是现代城市的象征，也是一个国家经济发展水平的标志。随着我国经济社会的快速发展，电梯产业增长速度加快，21 世纪以来，我国逐渐成为世界最大的电梯生产国和使用国，世界上主要的电梯品牌企业都在我国建立了独资企业或合资企业。随着民族品牌电梯企业的制造能力、产品质量及企业管理能力的提升，竞争实力也逐步增强。凭借完善的电梯产业链配套和优秀的电梯产品性价比，我国民族品牌电梯在国际市场获得了广泛认可，电梯出口量平稳增长，从

2011 年的 4.8 万台增长至 2018 年的 9.0 万台，2019—2020 年受国际贸易关系及疫情等多种因素的影响，出口量存在一定程度的下滑，如图 1-10 所示。

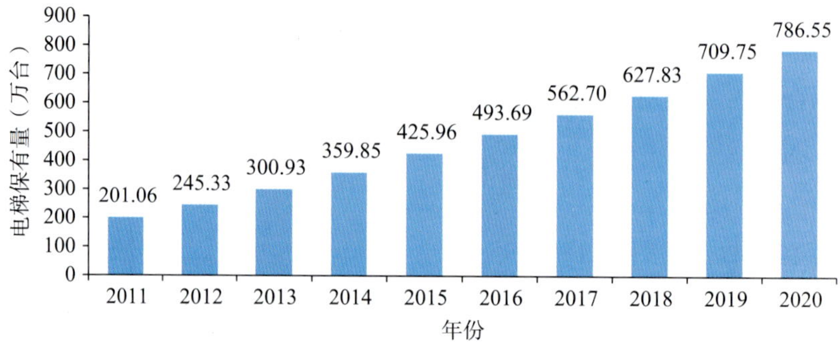

数据来源：市场监管总局

图 1-9　2011—2020 年我国电梯保有量

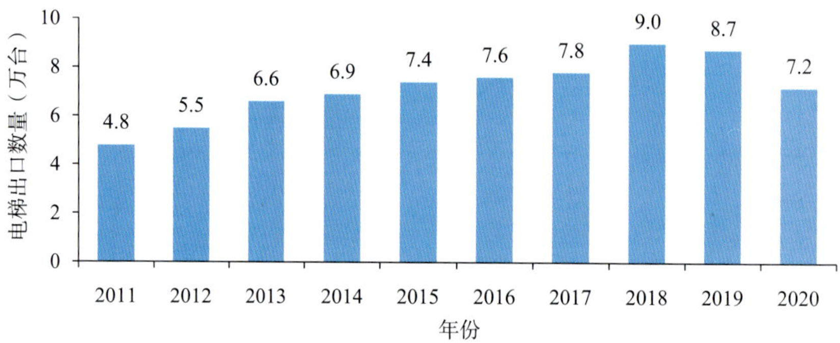

数据来源：海关总署、《中国电梯行业商务年鉴》

图 1-10　2011—2020 年我国载客电梯出口量

目前，我国已成为电梯领域名副其实的世界工厂与制造中心，全球约 70% 的电梯由中国制造，约 60% 的电梯在中国销售。2020 年全球电梯保有量为 1 957 万台，我国保有量为 786.55 万台，占全球总量的 40%，全球每 5 台电梯中有 2 台在我国。

21 世纪以来，中国电梯企业在技术水平、管理水平等方面有了显著提高。具有一定规模的民族品牌电梯企业，迅速完成从研发、设计、制造到安装维保在内的完整业务能力建设，尤其是在中低速电梯产品方面，凭借较高的性价比和精益求精的质量保证，逐渐打破了外资电梯企业对我国电梯市场的垄断。

截至 2020 年底，全国具有电梯整机制造资质的企业共有 680 家（含外资），具有电梯安装资质的企业 1.5 万余家。其中，外资品牌仍然占据较大市场份额，国际市场接近 80%，国内市场约为 70%。经过几十年的发展，民族品牌企业竞争力不断提升，呈现出了一定的集中度，在一定程度上改变了民族品牌电梯制造厂商小、散、弱的局面，并已逐步占据了国内三分之一的市场份额，如图 1–11 所示。

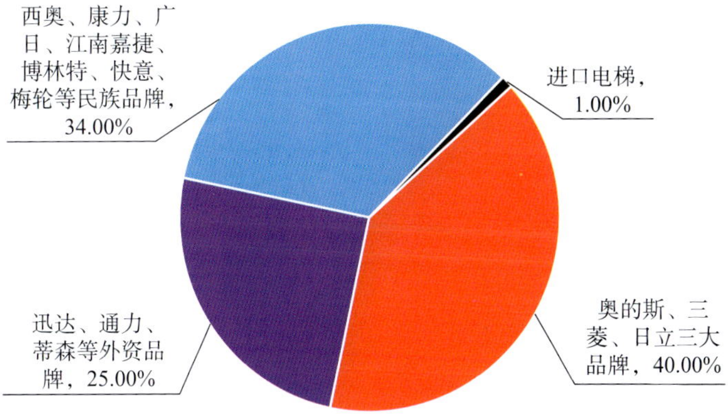

数据来源：《中国电梯行业商务年鉴》

图 1–11　我国电梯市场份额占比情况

当前，全球正经历百年未有之大变局，新一轮科技革命和产业变革不断深入，我国经济发展面临的国际环境日趋复杂，不稳定性、不确定性明显增加，内部面临高质量发展转型升级等挑战。电梯行业在市场大环境下，竞争愈发激烈，大部分的市场依然被外资企业占据，尤其是代表未来发展方向的高端市场，巨额的利润流向国外，虽有部分民族企业崭露头角，但力量仍十分有限。面对残酷的市场竞争，在我国电梯行业快速成长期进入市场的部分小型企业已经被淘汰。民族品牌的全面崛起仍然是每一个民族电梯企业面临的重大使命和挑战。依靠价格的恶性竞争已不可持续，利用技术创新、品牌经营、发掘电梯市场增长点成为现阶段电梯企业发展的引擎。

二、产业集聚情况

我国电梯整机及零部件的制造企业主要集中在长三角、珠三角、环渤海和成渝等地区，有一定的区域产业聚集度。各电梯品牌公司则贴近电梯消费市场，在江苏、广东、重庆设立工厂，快速实现满足电梯产业集群的产品就近配套需求，全力覆盖和服务各区域的电梯驱动主机厂需求。长三角、珠三角各类电梯零配件生产配套和整机制造企业众多，配套体系完善，产业聚集效应明显，为区域内电梯企业的规模扩张、产业整合和转型升级提供了有力的保障。中西部地区新增需求量增长较快，电梯整机厂和电梯部件厂陆续在重庆投产，以满足当地市场需求。从产量来看，华中、华东地区电梯产量最高，占比高达 72%，华北、东北地区电梯产量占比 12%，华南地区电梯产量占比 14%。国内电梯制造企业所属区域主要在辽宁沈阳、山东宁津、苏州吴江、浙江湖州、重庆、四川成都、广东佛山及珠海等地，其中江浙沪的电梯企业产量占全国电梯总产量的三分之二以上，如图 1-12 所示。

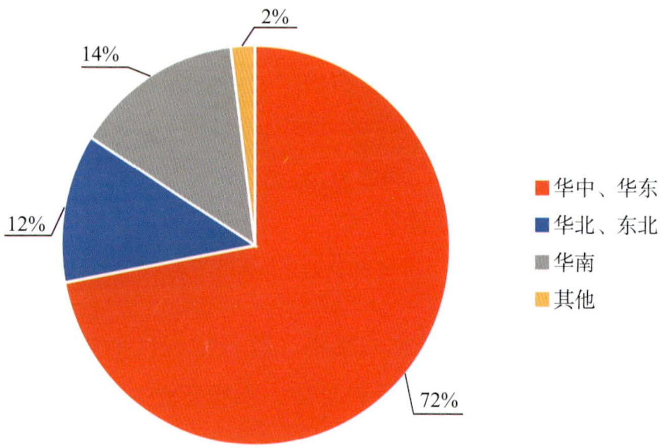

数据来源：《中国电梯行业商务年鉴》

图 1-12　我国各地区电梯产量分布

电梯生产企业形成了金字塔结构的产业格局，大型企业的优势较为突出。参照 2019 年电梯制造企业产销量数据分为 4 个层次，如图 1-13 所示。

第一层次：年产销量 2 万台以上的企业有 10 家左右，这些企业数量占整个电梯企业数量的 1.79%，产销量占全部产销量的 73%。

第二层次：年产销量在 5 000 台到 2 万台的企业有 20 家左右，占全部电梯生产企业的 3.57%。销量占全部电梯产销量的 23%。

第三层次：年产销量在 1 000 台到 5 000 台的企业有 30 家左右。

第四层次：年产销量在 1 000 台以下的企业有 500 家左右。

第三层次和第四层次电梯生产企业 530 家左右，占全部电梯制造企业的 94.64%，产销量却仅占 4%。

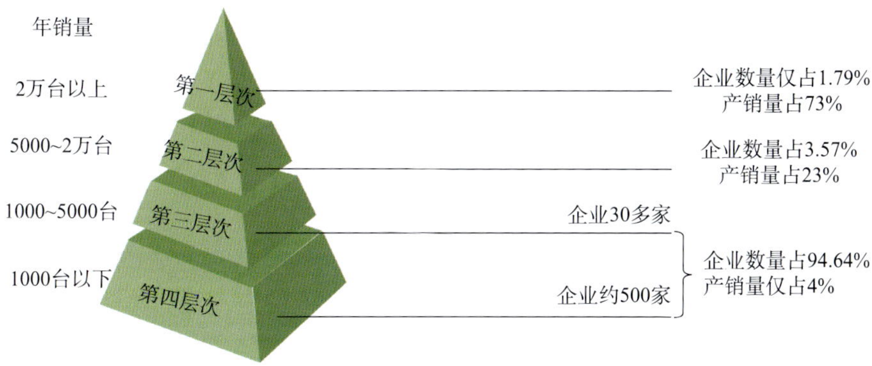

图 1–13　2019 年我国电梯制造企业状况

三、人均保有情况

截至 2020 年底，全国电梯保有量达到 786.55 万台，总人口数为 14.12 亿人，单台电梯服务人数为 179 人，相较于 2010 年单台电梯服务人数 823 人有了显著的提升，如图 1–14 所示。

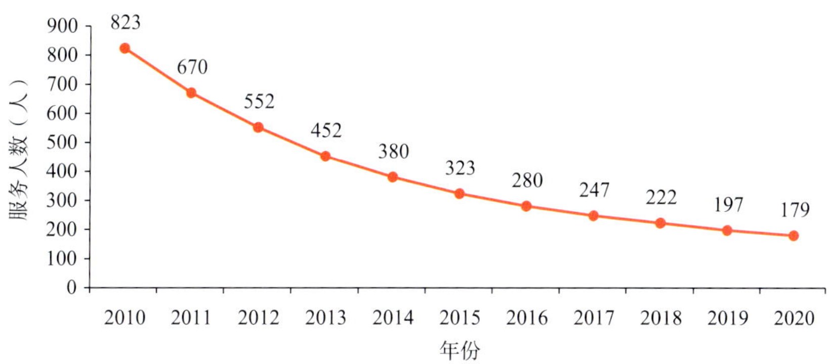

数据来源：市场监管总局、国家统计局网站

图 1–14　2010—2020 年我国单台电梯服务人口数量走势图

2020 年全球主要国家、地区单台电梯服务人数见表 1–7。

表 1-7　2020 年全球主要国家、地区单台电梯服务人数

项目	全球	中国	欧洲	北美洲	日本	韩国
电梯保有量（万台）	1 957	787	650	140	89	75
人口（亿）	75.85	14.12	7.45	5.38	1.26	0.52
单台电梯服务人数（人）	388	179	115	384	142	69

数据来源：市场监管总局、中国电梯协会、韩国电梯安全局、欧洲电梯协会网站及互联网资料

近十几年，我国电梯保有量保持高速增长，单台电梯服务人数已低于北美洲地区，接近日本和欧洲。这也表明，我国电梯市场将会面临转型升级，电梯保有量增速会逐渐放缓，旧梯改造、既有住宅加装电梯、智慧电梯、维护保养将成为电梯行业的主要增长点。

我国电梯产量和保有量已跻身世界前列，人均电梯保有量达中等发达国家水平，远超世界平均水平。随着我国城镇化速度逐渐放缓，城镇化对电梯产业的带动作用将趋缓。

四、老旧电梯情况

根据历年电梯的保有量，可推算出每年净增长（新安装）的电梯数量，如果不考虑报废更新，推算出的新安装数量小于当年实际安装数量，推算出的老旧电梯保有量存在一定程度上的高估，推算数量如图 1-15 所示。

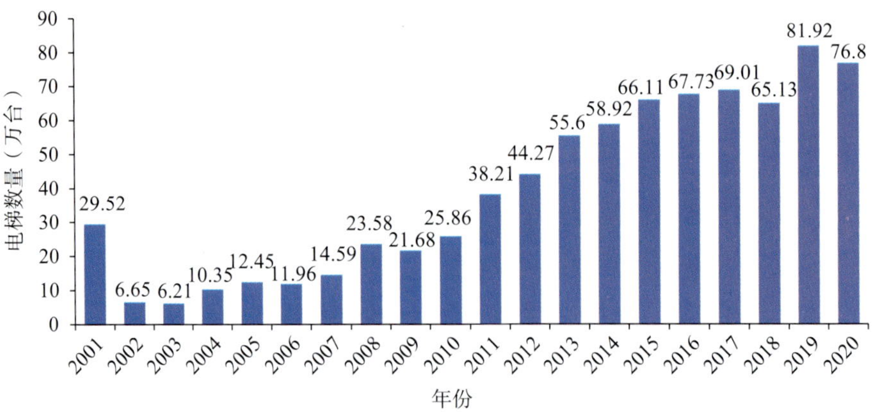

数据来源：依据市场监管总局发布数据推算，2001 年为当年实际在用电梯推算数量

图 1-15　2001—2020 年我国历年新安装电梯推算数量

依据图中数据分布，将2020年的电梯已使用年份分为已使用15年及以上、10年及以上、5年及以上、5年以内4个区间，得出图1-16所示的电梯已使用年份结构。电梯使用15年及以上占8.29%，10年及以上占12.41%，可见使用10年以上的老旧电梯数量相对占比较小。但不可忽略的是使用5年及以上的电梯占比达33.45%，对行业而言，随着人口预期增长下滑，房地产行业增速会持续放缓，按照当前电梯的增速及未来增速下滑预期，预计2025—2030年，使用10年以上的电梯约占在用电梯数量的一半，安全形势不容乐观。

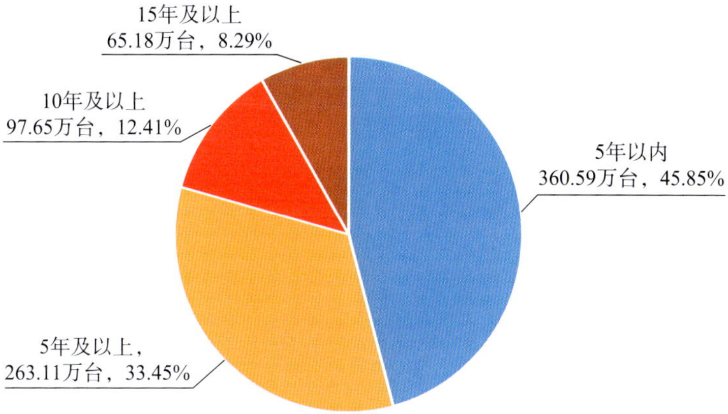

数据来源：依据市场监管总局发布数据推算

图1-16　2020年我国在用电梯已使用年份结构

另外，根据统计，2020年北京市电梯总量25万台。其中，使用15年以上的为4.5万台，占比18%；使用10年以上的为10万台，占比40%。相较于估算的全国电梯已使用年限结构，使用10年以上的电梯数量已经接近在用电梯的一半。这意味着我国经济发展较早的城市和地区，在用电梯老旧程度更为严峻。

按照国际惯例，电梯正常使用寿命在15～20年，电梯运行时间一旦超过10年，各方面的性能都会有所下降，很可能是在带病运行，因故障而停运的事情也会时而发生，故障率相对较高。这些老旧电梯构成城市安全的“重大隐患”。

部分老旧电梯由于制动器不符合新标准、年代久远或制造厂家消亡、无维护作业指导、安全使用状况较差、使用管理重视不够等因素，导致故障及事故发生率较高。近年来，国内老旧电梯由于制动器失效连续发生多起恶性事故，引发社会高度关注。2015年3月，青岛市某酒店发生电梯事故，致使两人身亡，事故原因为制动器失效，制动时制动力矩严重不足，不能有效制停电梯。2015年

7 月，沈阳市和平区某大厦电梯制动器事故，12 名乘客被送往医院检查，其中 5 名乘客留院治疗。2015 年 7 月，杭州某小区一部运行了 16 年的电梯将 1 名 22 岁大三女学生夹死。2016 年，北京丰台区某小区发生一起电梯剪切事故，一女性乘客腿部粉碎性骨折，事故直接原因为制动器不能有效制动。2018 年，北京市丰台区某住宅楼发生一起电梯冲顶事故，一名乘客受伤，事故直接原因为电梯制动器失效。2020 年，北京朝阳区某小区发生一起电梯冲顶事故，导致 1 人受伤，其事故原因为使用了 16 年的电梯制动器发生卡阻。以上事故所涉及电梯均为 2004 年以前投入使用的老旧电梯，所以急切需要对在用老旧电梯的安全性能、风险控制、使用管理、运营维护、更新改造等提出可行性措施，从而有效降低老旧电梯安全风险。

第二章 国内外电梯安全现状

第一节 我国电梯安全现状

近年来，随着高楼大厦的不断增多，电梯在我们日常生活中也成为必不可少的交通工具，随之带来的危险也不断增加，尤其是电梯“吞人事件”的发生频率越来越高。但电梯安全监管水平相对滞后，电梯安全责任事故屡屡发生，严重威胁人民生命财产安全，特别是一些恶性电梯事故更暴露了电梯安全监管的重要性。本章从事故类型、事故概况、事故原因与事故案例 4 个角度分析现阶段我国电梯安全现状，同时梳理欧盟、美国与韩国的电梯安全现状。

一、电梯事故类型

2009 年，国家质检总局发布了《特种设备事故报告和调查处理规定》（国家质量监督检验检疫总局令第 115 号），根据其中第六条对特种设备事故的界定，电梯事故是指电梯在制造和安装、改造、维修、使用和检验检测等活动中，由于相关人员的不安全行为或者电梯自身的不安全状态，而造成电梯严重损坏、财产损失、人员伤亡，或者电梯运行中断、滞留等类型的突发事件。电梯事故的类型，按严重程度进行划分，一般分为一般、较大、重大、特别重大事故 4 个等级，见表 2-1。

表 2-1　电梯事故等级划分

一般事故	1. 造成 3 人以下死亡，或者 10 人以下重伤，或者 1 万元以上 1 000 万元以下直接经济损失 2. 电梯轿厢滞留人员 2 h 以上
较大事故	造成 3 人以上 10 人以下死亡，或者 10 人以上 50 人以下重伤，或者 1 000 万元以上 5 000 万元以下直接经济损失
重大事故	造成 10 人以上 30 人以下死亡，或者 50 人以上 100 人以下重伤，或者 5 000 万元以上 1 亿元以下直接经济损失
特别重大事故	造成 30 人以上死亡，或者 100 人以上重伤，或者 1 亿元以上直接经济损失

二、电梯事故概况

2002—2020 年，我国电梯数量持续快速增长，通过电梯生产企业、使用单位及安全监察、检验机构的协同治理，电梯万台事故率呈现总体下降趋势。在此期间，各省份上报电梯事故共 892 起，在 2014 年达到高峰，之后事故逐年减少，如图 2-1 所示。

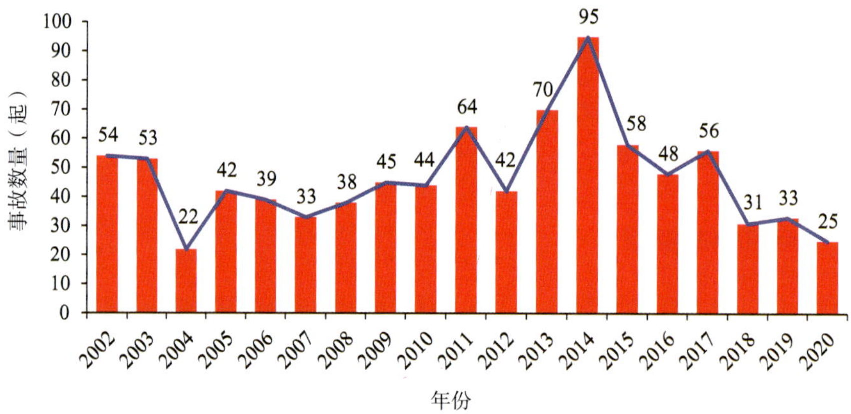

数据来源：市场监管总局网站

图 2-1　2002—2020 年我国电梯事故情况

2002—2020 年，全国电梯事故平均每年 47 起。从伤亡人数上看，安全状况总体平稳。近十几年，我国万台电梯事故死亡率由 0.27 降到 0.03，整体安全水平不断提升，已达到发达国家水平，见表 2-2。

表 2-2　我国电梯万台电梯事故（率）和死亡（率）情况统计表

年份	电梯数量（万台）	死亡人数（人）	事故起数（起）	万台电梯死亡率	万台电梯事故率
2010	162.85	44	44	0.27	0.27
2011	201.06	42	64	0.21	0.32
2012	245.33	34	42	0.14	0.17
2013	300.93	57	70	0.19	0.23
2014	359.85	48	95	0.13	0.26
2015	425.96	46	58	0.12	0.14
2016	493.69	41	48	0.09	0.10
2017	562.7	41	56	0.08	0.11
2018	627.83	22	31	0.05	0.07
2019	709.75	29	33	0.04	0.05
2020	786.55	19	25	0.03	0.03

注：万台电梯事故率、死亡率根据电梯实际投用、停用等情况予以修正。

数据来源：市场监管总局网站

2019 年交通事故的万车死亡率是 1.8，相比之下，电梯的死亡率较低。但是，电梯的安全形势不能如此简单类比，一是电梯死亡率和事故率不高，但故障率较高。根据北京市特种设备安全投诉举报情况统计，2018 年北京市特种设备安全投诉举报 2 837 起，其中电梯相关投诉举报占 98%，共 2 789 起，只有 137 起举报涉嫌违法行为，其余起数基本上都是投诉电梯故障。电梯困人、运行中晃动、返基站校正（通常被认为是坠梯）和停梯无人修理，是普遍反映的问题。二是电梯事故社会关注度更高，虽然造成的伤亡数较少，但引发的社会负面影响较大。例如，2016 年湖北荆州“7・26”电梯事故、2021 年湛江电梯冲顶事故等，“百度新闻搜索”相关新闻数量分别为 4 370 篇、1 690 篇，从一个侧面可以看出社会舆论对电梯事故关注度之高，甚至引发了全社会乘坐电梯的恐慌心理。

以 2002—2019 年已结案的 513 起电梯事故作为典型事故案例，其中，曳引与强制驱动电梯发生 435 起，占比 84.80%；自动扶梯与自动人行道发生 52 起，占比 10.14%；杂物电梯发生 25 起，占比 4.87%；液压驱动电梯发生 1 起，占比 0.19%，如图 2-2 所示。

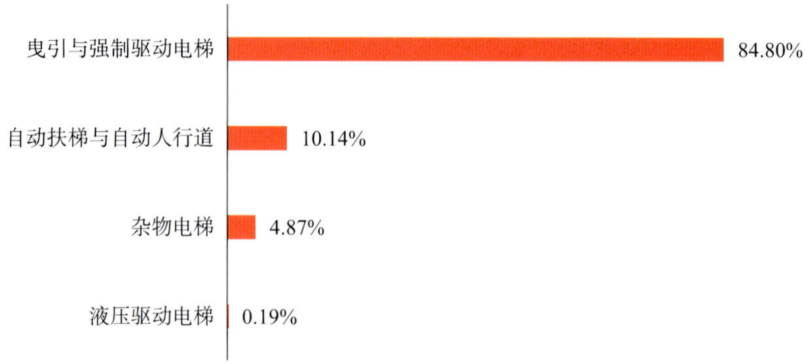

数据来源：市场监管总局网站、电梯典型事故案例

图 2-2　2002—2019 年典型事故各类别电梯事故起数占比

通过对事故发生环节进行梳理，我国电梯事故伤亡人员主要集中于使用环节，占 61.50%，其次是电梯修理和安装环节，分别占 20.83%、15.17%。这与韩国及我国香港地区的统计数据类似，如图 2-3 所示。

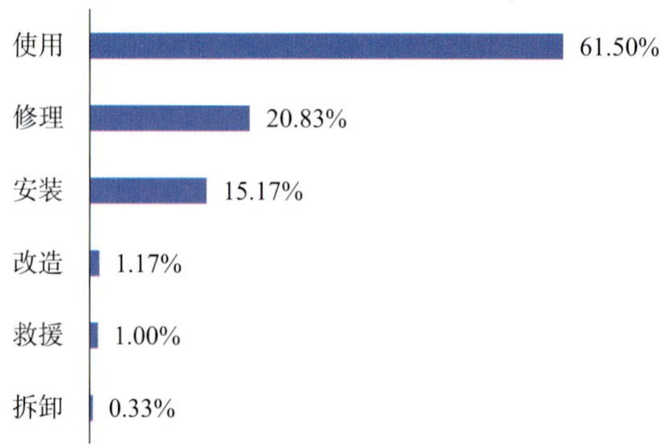

数据来源：市场监管总局网站、电梯典型事故案例

图 2-3　2002—2019 年典型电梯事故发生环节伤亡人数占比

2002—2019 年，电梯事故造成人员伤亡共 600 人，其中乘客伤亡 296 人、维保人员伤亡 112 人、安装人员伤亡 88 人、司乘人员伤亡 72 人、物业管理人员伤亡 27 人、非专业的电梯救援人员伤亡 5 人，如图 2-4 所示。

由上述数据可见，电梯事故伤害人群主要集中在使用阶段的乘客和电梯维保、安装、司乘人员。此外，按照事故特征，有 283 人为高处坠落、179 人为设备挤压、106 人为撞击伤害、10 人为设备剪切、22 人为其他形式伤害。与美国相似，高处坠落、设备挤压为电梯事故的主要类型，如图 2-5 所示。

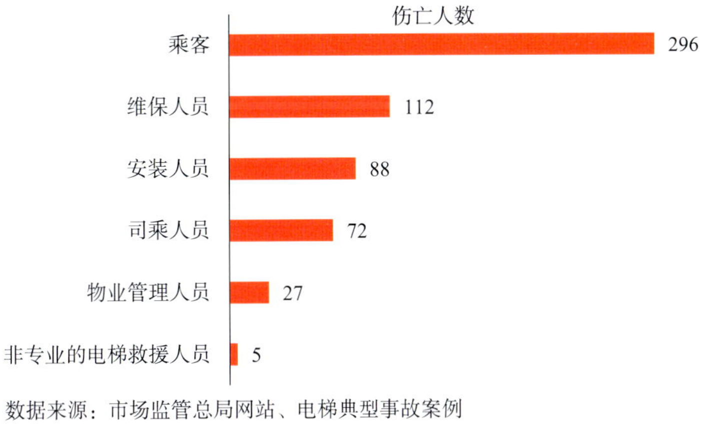

图 2-4　2002—2019 年典型电梯事故伤亡人员分类

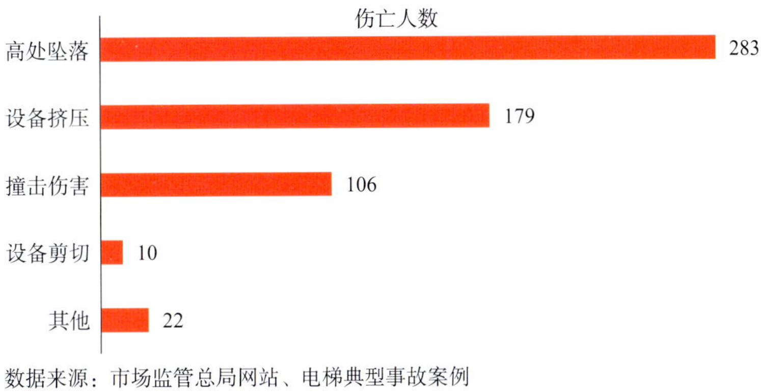

图 2-5　2002—2019 年典型电梯事故特征分类

故障率与事故率、死亡率相比，可以更好地反映电梯的实际安全状况。但在实践过程中，很多电梯故障由物业公司和维保单位自行解决，并未上报相关管理部门，因此无法得到较为准确的数据。近年来，随着各地电梯“96333”应急处置平台的建设，通过电话、物联网等方式可以直接接受公众和被困人员关于电梯故障的投诉和举报，使数据统计更加准确。各地在电梯应急处置平台建设过程中，逐渐发现困人率更易统计，且困人属于较为严重的电梯故障，与故障率相比更能准确地反映电梯安全隐患的程度。未来随着物联网等技术的应用，将实现电梯故障的实时在线监测，可以统计出更为准确的电梯故障率。未来的电梯使用安全评价指标应当是死亡率、事故率、困人率和故障率构成的综合评价体系。

从杭州、南京、长沙、南宁、合肥等城市的统计情况来看，电梯困人发生率在 3%～9% 之间，救援时间在 20 min 以内，极大地降低了电梯困人故障造成的人员伤害、经济损失和社会影响，这也与省会城市电梯基础条件好，应急处置体系建设较为完善有很大关系，见表 2–3。

表 2–3　2019 年部分城市电梯困人情况表

辖区	乘客电梯数量（万台）	困人情况	
		困人处置量（起）	施救平均用时（min）
杭州	14	11 723	13.83
南京	10.71	7 299	15.9[1]
长沙	8.3	17 325[3]	17.78
南宁[1]	4.3	1 694	19.96
合肥	3.4	2 569	/
镇江[2]	1.4	682	/

注 1：南宁 2020 年数据；南京施救平均时间为 2020 年数据。

注 2：镇江纳入应急平台数量。

注 3：长沙统计数据为被救人次数量。

数据来源：杭州、南京、长沙、南宁、合肥市场监管局网站

三、电梯事故原因

1. 技术原因

经过近几年的科学探究，电梯事故原因分析主要通过统计法和典型案例分析法结合的方式进行。统计法是收集较多的事故案例进行研究，找出其中规律，提出针对性的解决方案。困难在于数据的大量收集难度大，通常国内外很少有专门的机构收集电梯伤害事故并进行综合分析。典型案例分析法是对每一起个案进行认真分析，找出事故发生的原因并提出针对性的改进建议。难点在于要求分析人员对电梯技术、事故失效模式、事故调查分析技术等都非常了解，并且分析人员能够获得非常详细的现场信息。采用上述两种方法进行研究，经对 2002—2016 年 394 起典型事故案例进行分析，我国电梯的事故原因总体归纳为以下几类，如图 2–6 所示。

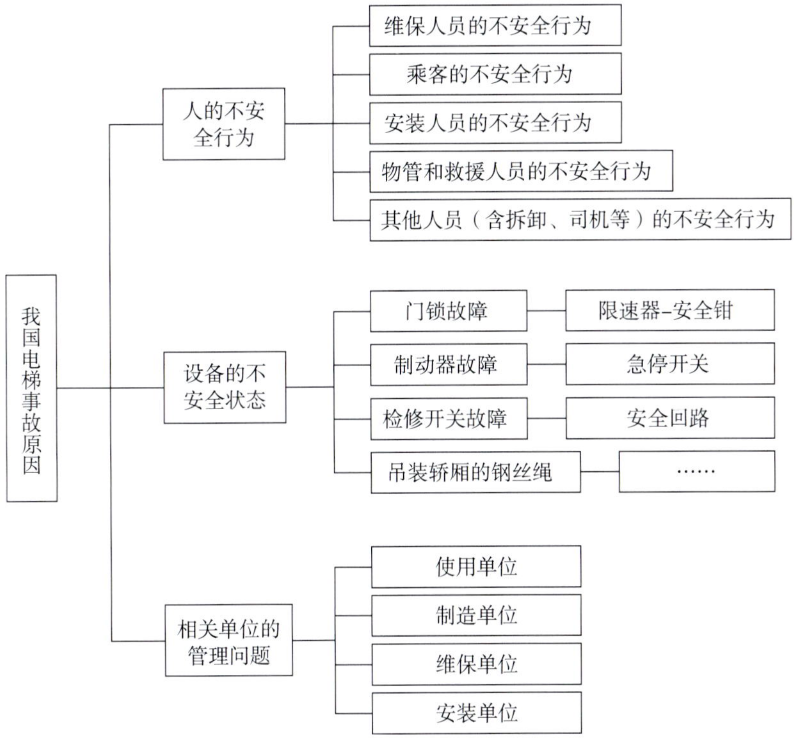

图 2-6　我国电梯的事故原因

一是基于电梯相关使用及运营人员的不安全行为引起的人因事故。

二是基于电梯设备的自身零部件缺陷或损坏引起的技术事故。

三是基于电梯相关使用单位的不规范运营等引起的管理事故。

（1）基于电梯相关使用及运营人员的不安全行为引起的人因事故

394 起事故中，事故原因涉及人的不安全行为共有 332 起，其中维保人员的不安全行为主要表现为维保人员在修理和维保过程中的违规操作、未能发现设备缺陷、无证作业以及不规范操作等；乘客的不安全行为主要表现为乘客在乘用电梯过程中不正确使用设备、自救处置不当以及违规使用三角钥匙；安装人员的不安全行为主要表现为安装人员在电梯安装过程中违规操作、无证作业、未按工艺文件安装以及无监护独自操作；物管和救援人员的不安全行为主要表现为物管和救援人员无证违规修理、违规使用三角钥匙、擅离职守、擅自出借三角钥匙。

（2）基于电梯设备的自身零部件缺陷或损坏引起的技术事故

394 起电梯事故中，事故原因涉及设备的不安全状态共有 224 起，其中门锁事故和制动器事故占比超过了67%，成为设备不安全状态中急需关注的两大因素。门锁故障：门锁故障主要表现为验证层门、轿门闭合的电气安全装置失效（电气安全装置被人为短接或拆除、绝缘不良等）、门锁机械部件损坏、保持层门锁紧的门锁钩啮合深度不足等；制动器故障：制动器故障主要表现为制动力不足、制动器控制回路故障（如控制回路被人为短接或改动、接触器粘连）、制动臂未完全打开、制动元件机械卡阻失效。

（3）基于电梯相关使用单位的不规范运营等引起的管理事故

394起事故中，事故原因涉及相关单位（使用单位、制造单位、安装单位和维保单位）管理不到位的共有55起。其中，使用单位原因主要表现为使用无资质单位生产的电梯、使用检验不合格电梯、违规操作、未办理使用登记手续等。制造单位原因主要表现为无资质非法生产、关键零部件质量把控不严、设计存在缺陷。

2. 管理原因

造成电梯事故的管理原因很多，在这里从维修保养、使用管理、安全意识3个视角进行分析。

（1）维保企业能力尚显不足

近年来，除了电梯困人率的不断上升，在电梯的全生命周期中的维修保养也至关重要，需要重点关注电梯维保企业的发展。目前，全国取得电梯安装改造维修许可的单位共近1.5万家，主要包括电梯制造企业的维保机构和第三方维保机构。根据赛尔传媒撰写的《中国电梯维保市场现状及前景分析报告》，我国电梯维保市场中73.4%是由具有安装和维保资质的公司构成，物业公司下属的电梯维保公司占8.0%；具有单独维保资质的公司占6.9%；电梯制造企业下属的维保公司占6.4%，剩余部分由其他维保企业承担。可见，制造企业下属的维保公司数量比例较少，维保市场主要由第三方维保企业组成。

然而，我国电梯维保能力仍严重不足。按照《特种设备安全监察条例》，电梯应当至少每15日进行一次清洁、润滑、调整和检查，这是电梯日常管理中保证电梯安全运行的重要措施。但由于电梯数量的快速增长，维保专业技术人员缺口逐步扩大，维保质量参差不齐，为电梯安全埋下了隐患。据统计，电梯行业从业人员目前已达40万人（其中生产制造人员16万人左右、电梯安装人员15万人左右、维保人员10.5万人左右）。全国电梯维保人员缺口为20万人左右，而且专业素养普遍不足。以浙江省为例，该省共有 405 家有维保资质的电梯法人单位和分支机构。根据电梯事故率、现场检查、群众投诉等几个方面，该省市场监管局将这些企业分为 A、B、C、D 4 类，在全省 405 家电梯法人单位和分支机构中，共有 145 家达到 A 类标准、168 家达到 B 类标准、50 家达到 C 类标准，还有 42 家企业被划为最低的 D 类标准。据了解，这 405 家企业中，目前有从业人员 3 万 ~ 4 万人，其中从事电梯安装、改造、修理的人员占据了大部分，从事维保的人员目前在 1 万名左右。根据浙江电梯保有量计算，每 1 名维保人员的维保电梯数量大约是 35 台。

1 名维保人员到底要维保多少电梯，全国并没有统一标准，不过业内普遍认同的数量是 30 台。数量并不是衡量维保质量的唯一标准，业内人士表示“有些新的电梯，故障率小，1 人维保 50 台都不难。但是如果维保老旧电梯，一次维保下来，要更换不少配件，20 台就可能是 1 名维保人员的工作极限”。

（2）物业使用管理有待加强

根据《物业管理条例》，物业管理是指业主通过选聘物业服务企业，由业主和物业服务企业按照物业服务合同约定，对房屋及配套的设施设备和相关场地进行维修、养护、管理，维护物业管理区域内的环境卫生和相关秩序的活动。电梯作为房屋配套的设施设备，其使用管理纳入了物业管理的范围，物业服务企业通常是电梯的使用单位。

《中华人民共和国特种设备安全法》和《特种设备安全监察条例》规定，特种设备使用单位及其主要负责人对其使用的特种设备安全负责。也就是说，物业服务企业及其主要负责人承担着电梯使用安全的第一责任。在实际工作中，物业服务企业电梯使用管理工作仍亟待加强。

一是电梯安全责任链条较长，不利于物业服务企业落实安全主体责任。电梯安全管理工作涉及产权、使用（含维保）、特种设备生产、部件生产、经营（销售和租赁）、检验、检测、住宅专项维修资金管理等多个主体，对于既有多层住宅增设电梯来说，还要增加规划设计、建筑施工、管线施工、代建单位等更多主体。主体越多，越难以激发各个主体自身的安全责任意识，导致主体责任相互扯皮、敷衍了事。

二是物业服务企业安全投入不足。媒体上经常能够见到“某小区电梯停运无人维修”的报道。业主支付的物业费当中包含电梯日常维护保养和常规修理费用，但这笔费用的支出并没有进行规范化公开，导致业主不清楚这笔费用的支出情况。变频器、钢丝绳等出现问题造成电梯停运后，修理换件费用往往比较高，物业公司通常不愿承担修理费用，而选择启动住宅专项维修资金进行修理，但这个启动程序过程漫长，因此出现投诉较多的情况。还有些以已购公有住房为代表的独栋住宅楼，物业公司仅安排一人值班，并不派驻工程技术人员进行电梯安全管理，对电梯维护保养工作也缺乏监督，导致电梯故障多。

（3）乘客安全意识不足

从国内电梯事故原因的统计分析结果来看，涉及人的不安全行为事故高达80% 以上，电梯本身的不安全因素导致的事故占比较人的不安全行为占比要低得多。根据杭州“96333”应急处置平台的统计数据，2019 年电梯故障原因前三位分别是人为原因故障（30.79%）、门系统故障（19.83%）和外部原因故障（16.56%）。其中，人为原因故障（共 6 093 起）是导致电梯故障的首要原因，主要是由不文明乘梯行为造成，包括生活和装修垃圾导致电梯开关门受阻、野蛮搬运导致电梯门变形、阻挡门时间过长导致电梯停运、超载等故障。例如，2020 年 5 月福州市 13 岁男孩电梯自救坠亡事故，悲剧的发生除与紧急按钮失效、物业管理不善等有直接的关系外，另外一个重要原因还在于该男孩对“扒门自救”的危险行为后果缺乏足够认识。

乘客安全意识不足的根源在于对电梯本身缺乏了解，缺乏获取安全使用和应急求救自救知识的途径，从而使乘客无法意识到自身行为的可能后果，导致乘客在乘梯过程中和紧急状态下做出错误的判断和行为。这说明预防电梯事故发生，除了从技术上保障电梯本质安全外，根本上还需要从人员素质入手，强化电梯安全与应急知识的宣传教育，不断提升电梯工作人员和乘客的安全意识，从而减少因人的危险行为及疏忽大意而造成的事故。

若乘客具有基本的电梯乘用安全意识，很多事故均可避免或减轻伤害。一方面，电梯乘客安全意识的提高可以起到社会监督的作用，监察机构和检验机构并不能对每部电梯时时进行监控和检验，普通乘客则每天乘坐电梯，其发现安全隐患并及时与电梯使用管理者沟通可以避免许多事故的发生。另一方面，全民电梯安全意识的提高也有助于电梯乘客对监察机构和检验机构以及电梯使用管理机构的不合理行为进行社会监督。

提高电梯乘客安全使用和应急知识的主要途径，一是学校教育普及电梯安全知识，从学前教育、九年义务教育入手，将电梯安全使用和应急知识加入日常学习中，使儿童对电梯的安全使用常识有所了解，充分意识到使用电梯过程中的各种危险行为可能会对自己造成的伤害。二是在轿厢内粘贴安全须知，轿厢里除了适当的商业开发外，还应该张贴如何使用紧急报警装置、轿厢内不得打闹嬉戏、轿厢具备自然通风等重要信息，使乘客在发生紧急故障时不慌乱，并且知道如何做出正确的选择。三是利用电视网络媒体进行宣传，各种媒体应发挥受众面广的特点，以公益广告的形式宣传电梯安全知识，提高全民电梯安全意识。四是加强电梯应急救援演练，鼓励有条件的社会组织或培训教育机构，建立一定数量的类似于地震体验屋的电梯事故与应急体验装置，放置在科技馆等场所，对外开展应急救援培训和演练服务，提升全民参与程度。

四、典型事故案例

案例 1　湖北荆州“7·26”某百货公司自动扶梯事故

1. 事故回顾

2015 年 7 月 26 日，一宗自动扶梯“吞人致死”事故发生在湖北省荆州市某百货公司内。当时一名 30 岁女子搭乘自动扶梯，到达终点时踩到了松动的梯级踏板上，最终被卷入电梯而不幸死亡。事发时，事故电梯口设置的监控视频拍到：（1）搭乘电梯运行到末端时，受害人向前走动踏上末端的脚踏板；（2）其踩踏的脚踏板发生了松动，最终发生翻转导致双腿落入电梯里面；（3）电梯继续保持运转，受害人奋力用双手将孩子托举递出，商场工作人员将孩子接过放到自己身后；（4）两名工作人员上前拉住受害人双手，试图一起将受害人拉出，但没有成功；（5）短短 8 s 后，受害人被卷进电梯没有了踪影。事后，受害人被救出，但已经死亡。

2. 事故原因

事故发生后，通过现场勘察、调查取证、技术鉴定、检验测试、专家论证、综合分析等方式，事故调查组基本查清了原因，进行了责任分析，认定这起事故属于安全生产责任事故：

（1）直接原因。由于自动扶梯前沿板与盖板之间的连接出现松动导致。

（2）间接原因。该百货公司商场工作人员在发现故障后，没有采取适当的应急处置措施。

（3）主要原因。电梯生产商某电梯股份有限公司，生产的该类型产品涉及的盖板结构设计不合理。

（4）次要原因。湖北某机电设备有限公司没有运行规范的质量体系，维护保养记录填写不完整。

3. 责任认定

事故调查组认为，湖北某百货公司和某电梯股份有限公司对事故发生负有主要责任，湖北某机电设备有限公司负次要责任。事故揭露：电梯制造单位的设计缺陷埋下危险，维保单位的不规范保养留下隐患，使用单位的应急救援措施缺失，最终导致死亡事故的发生。

案例 2　大连“9·4”电梯挤压事故

1. 事故回顾

2011 年 9 月 4 日凌晨 1 时 10 分，乘客吴某回家，在一楼呼叫电梯准备上楼。当吴某迈入电梯轿厢时，在层门和轿厢门尚未关闭的情况下轿厢突然上行，轿厢底板将吴某上半身托起，而其下半身仍处于轿厢门外，直至轿厢运行至其地坎接近一楼层门的上门框位置时，吴某被夹在轿厢地坎与井道墙壁之间，此后轿厢继续上升约 0.3 m 被人体阻滞停止。20 min 后有人发现并报警，随后医护人员、消防人员、公安民警、电梯维保单位的维保人员先后赶到现场，采取调整制动器、向下盘车、拆除安全钳后继续向下盘车等方法，经过近 2 个小时救援，吴某被解救，但经抢救无效死亡。

2. 事故原因

（1）直接原因。电梯制动器失效是导致事故发生的直接原因。制动器电磁衔铁（运动部件）因长期做水平往返运动，导致电磁铁表面下半圆部分磨损出现沟槽，影响动铁芯的完全复位；衔铁的推动杆推顶制动臂无法完全复位，导致制动摩擦片与制动鼓之间出现间隙、摩擦力下降、制动力不足，在制动器制动的情况下对重仍向下运动，轿厢向上运动（溜车），将乘客挤压致死。

（2）间接原因。维保单位检查时没有发现制动器的制动性能变化情况（制动闸瓦间隙增大、制动闸瓦磨损等）并及时维保或更换，导致电梯制动器失效。

（3）主要原因。维保单位没有按照相关电梯安全技术规范的要求制定具体的电梯维保方案并按照方案维保电梯，致使制动器制动力不足。

（4）次要原因。使用单位对电梯安全管理重视不够，没有监督维保单位严格执行电梯维保规范，没有进行相应的安全检查和巡视。

3. 责任认定

这是一起特种设备安全责任事故，维保单位负事故主要责任，使用单位负事故次要责任。事故调查组建议对维保单位处以 10 万元罚款并吊销其“电梯安装、改造、维修许可证”；对使用单位处以 10 万元罚款。事故调查组建议对维保单位法人代表程某处以上一年收入的 30% 罚款，吊销维保单位质量负责人（同时也是事故电梯维保责任人）崔某某的“特种设备作业人员证”；建议对使用单位法人代表殷某某处以上一年收入的 30% 罚款，对使用单位安全管理人员马某某进行批评教育。

4. 警示与建议

（1）这是一起比较典型的制动器失效造成电梯意外移动致人死亡的事故。电梯制动器一旦失效，空载或轻载电梯会发生不受控的上行超速运行或意外移动，往往会造成较严重的设备损坏和人员伤害事故。电梯制动器都需要按照制造单位的要求进行定期的检查和保养，以保持其制动性能。未及时保养、采用了错误的维保方法或者维保不到位，往往是此类事故的主要原因。

（2）由于制动器种类繁多，维修和保养方法也不尽相同，因此对维保人员进行维修和保养技能的培训是十分必要的。使维保人员掌握正确的制动器检查和保养方法并且切实实施，是防止此类事故发生的重要措施。

第二节　国外电梯安全现状

一、欧盟

由于统计口径的差异，欧盟国家每年报送的电梯事故高达约 2 000 起，事故发生率明显高于我国，主要原因在于我国只统计发生人员伤亡的严重事故，对困人等故障未纳入统计范围。欧盟每年发生的电梯死亡事故在 30 起左右，与我国基本相当。根据欧盟电梯协会（ELA）有关统计数据，2013—2017 年欧盟电梯、自动扶梯使用、生产环节事故情况如图 2-7、图 2-8 所示。

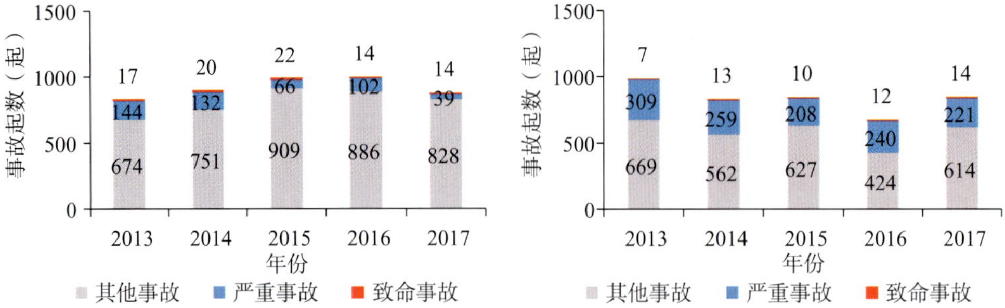

a）使用环节（18国上报）　　b）生产环节（28国上报）

数据来源：欧洲电梯协会（ELA）网站

图 2-7　2013—2017 年欧盟电梯使用、生产环节事故情况

2013—2017 年，欧盟电梯平均每年使用环节发生事故 924 起、生产环节发生事故 838 起。使用环节其他事故、严重事故、致命事故占比分别为 87.49%、10.62%、1.89%，生产环节其他事故、严重事故、致命事故占比分别为 68.91%、29.71%、1.38%。

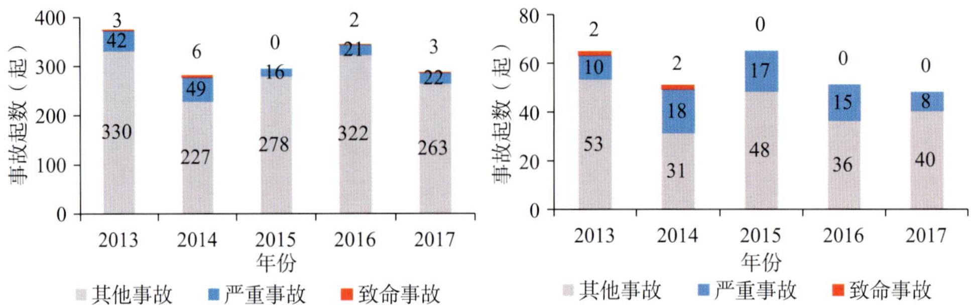

a）使用环节（13国上报）　　b）生产环节（9国上报）

数据来源：欧洲电梯协会（ELA）网站

图 2-8　2013—2017 年欧盟自动扶梯使用、生产环节事故情况

2013—2017 年，欧盟自动扶梯其他事故使用环节占比 89.54%、生产环节占比 74.02%，严重事故使用环节占比 9.55%、生产环节占比 24.58%。总体而言，使用环节一般事故占比较高，生产环节严重事故占比较高。

二、美国

根据美国国家职业安全与健康管理局、消费品安全委员会等机构发布的数据，涉及电梯和自动扶梯的事故每年造成约 25 人死亡，2017 年医院收治的与电梯有关受伤人员（包括工作和非工作人员）达 25 000 人。

2003—2016 年，电梯导致的死亡人员占同期工业领域的 51%，导致的受伤人员占 24.8%，是所有工业领域人员伤亡最高的行业。在电梯上工作或在电梯附近工作的人员（包括安装、维修和维护电梯，以及在电梯井内或附近工作）是被伤害的高危人群，62% 的伤亡事故发生在电梯作业过程中。美国电梯作业事故死亡与受伤情况如图 2-9、图 2-10 所示。

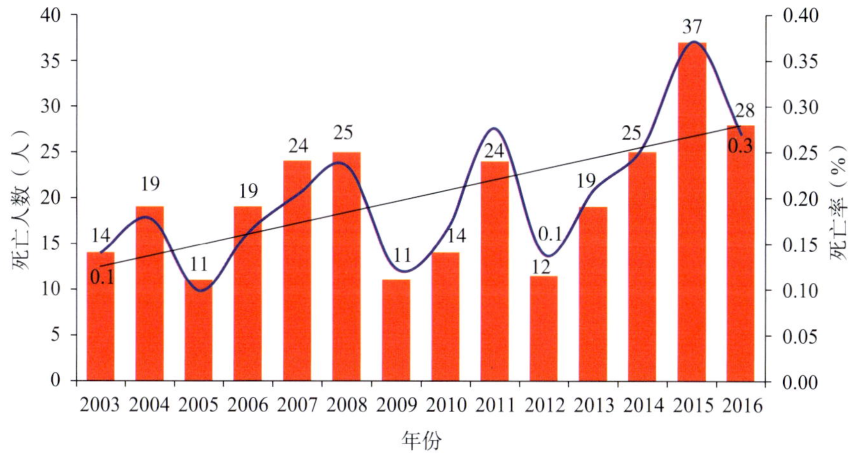

数据来源：美国国家职业安全与健康管理局（OSHA）建筑研究与培训中心网站

图 2-9　2003—2016 年美国电梯作业事故死亡情况

数据来源：美国国家职业安全与健康管理局（OSHA）建筑研究与培训中心网站

图 2-10　2003—2016 年美国电梯作业事故受伤情况

通过对电梯或附近工作的工人死亡事故类型进行统计，在2011—2016年查明死亡原因的144人中，53.50%的事故是高处坠落事故，多为落入井道；被设备夹住或挤压是造成电梯作业人员死亡的第二个重要原因，占比25.70%。电梯作业人员的死亡多因作业人员安全意识松懈和不遵守安全操作规程等导致，如图2-11所示。

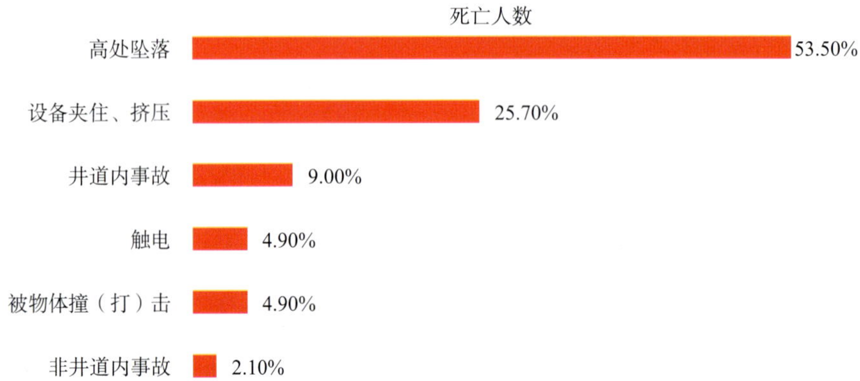

数据来源：美国国家职业安全与健康管理局（OSHA）建筑研究与培训中心网站

图2-11　2011—2016年美国电梯作业死亡事故类型情况

按照电梯事故发生的环节，在2011—2016年查明死亡环节的132人中，37.9%的事故发生在施工、拆卸、装配过程中，其次是操作重型设备和电梯修理、维护作业，分别占18.90%和18.20%，如图2-12所示。

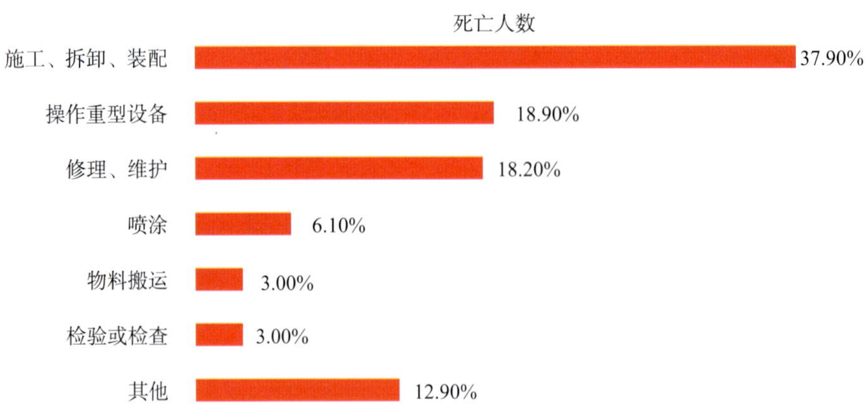

数据来源：美国国家职业安全与健康管理局（OSHA）建筑研究与培训中心网站

图2-12　2011—2016年美国电梯作业死亡事故发生环节情况

三、韩国

韩国基于《灾难及安全管理基本法》《电梯设施安全管理法》的规定和国家灾难及安全管理体系的基本框架，构建了自己的电梯事故应急管理体系。同时，为促进电梯安全文化的传播，韩国高度重视对民众的电梯安全宣传。通过电视、报纸、广播、杂志、网络、地铁等多种宣传途径实施安全教育，给电梯的制造商、使用者提供安全相关的有益信息。2010—2020 年，韩国电梯平均每年发生事故 75 起、死亡 11 人，其中，2018 年前后的安全形式发生较大改变，如图 2–13、图 2–14 所示。

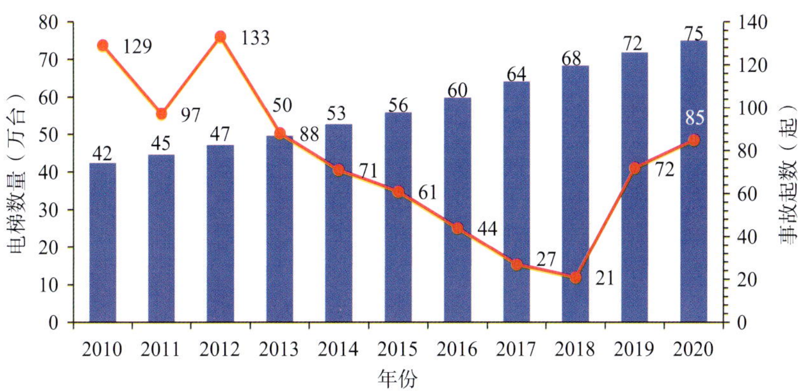

数据来源：韩国升降机安全局网站

图 2–13　韩国 2010—2020 年电梯及事故数量

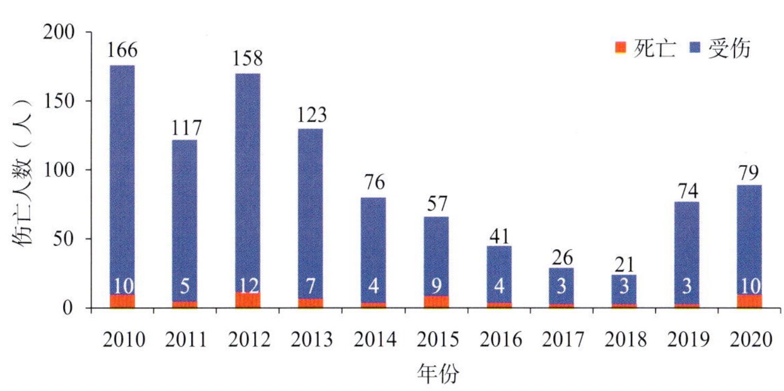

数据来源：韩国升降机安全局网站

图 2–14　韩国 2010—2020 年电梯事故伤亡情况

根据 2016—2020 年事故统计，韩国电梯事故集中发生在使用环节，使用者过失造成的事故高达 117 起，是导致事故发生的主要原因，如图 2–15、图 2–16 所示。

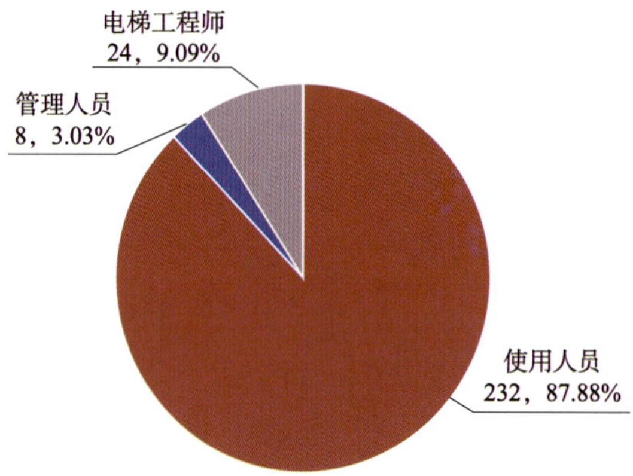

数据来源：韩国升降机安全局网站

图 2–15　韩国 2016—2020 年电梯事故人员类型

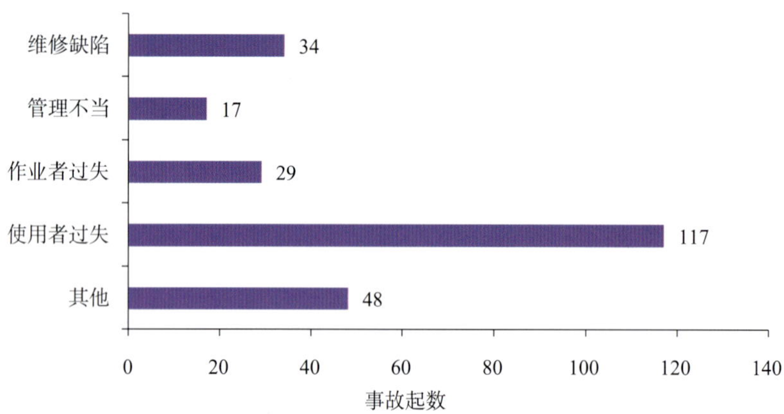

数据来源：韩国升降机安全局网站

图 2–16　韩国 2016—2020 年电梯事故原因分类

由上述统计数据比较可知，韩国与我国的电梯事故死亡率基本相当，但我国事故发生率远低于韩国水平，分析其原因在于对事故的界定有所差别。当前国内事故统计主要以出现人员死亡、重伤或较大财产损失而定，对于人员轻伤一般不纳入事故统计。

第三章

电梯安全责任保险概述

第一节 电梯安全责任保险的定义

通过政策激励、试点示范、宣传引导等措施，激励电梯相关方积极投保，大力推进电梯安全责任保险，提高电梯安全责任保险覆盖面，发挥责任保险的事故赔偿和风险预防作用，是提高电梯安全水平的有效机制。推广电梯安全责任保险统保模式，提高保险集中度，降低投保成本，积极开展“保险 + 服务”“电梯养老保险”“检测机构职业保险”等保险创新模式的研究和试点推广，充分运用保险的市场约束激励机制，是现阶段构建电梯安全社会治理体系的重要实践。本章论述电梯安全责任保险的定义、作用和我国电梯安全责任保险的发展历程、市场现状。

一、传统电梯安全责任保险

传统电梯安全责任保险是指在保险期间内，被保险人所有、使用或管理的电梯发生意外事故，造成第三者人身伤亡或财产损失，依照中华人民共和国法律（不包括港、澳、台地区法律）应由被保险人承担的经济赔偿责任，保险人按照保险合同约定负责赔偿。此外，在保险事故发生时，被保险人为防止或减少对受害人损失的赔偿责任而支付的必要的、合理的救援费用，以及保险事故发生后，被保险人因保险事故而被提起仲裁或者诉讼的，对应由被保险人支付的仲裁或诉讼费用以及事先经保险人书面同意支付的其他必要的、合理的法律费用，保险人按照保险合同约定也负责赔偿。同时，保险合同可包含如下保障内容：

1. 滞留（困梯）赔偿。在电梯使用区域内发生意外事故造成人员滞留，虽未造成人员人身伤亡，但应由被保险人承担的经济赔偿责任，保险人按照附加险合同的约定负责赔偿。

2. 雇员人身伤亡赔偿。在保险期间内，发生保险事故，造成被保险人的雇员人身伤亡，依照中华人民共和国法律（不包括港、澳、台地区法律）应由被保险人承担的经济赔偿责任，保险人按照附加险合同约定负责赔偿。

3. 作业人员人身伤亡赔偿。在保险期间内，被保险人的作业人员在从事被保险人委托的业务工作时发生意外事故造成其人身伤亡，依法应由被保险人承担的经济赔偿责任，保险人按照附加险合同的约定负责赔偿。

4. 试车、检修、改装第三者责任赔偿。在保险期间内，被保险人依法或依据相关规定对其所有、使用或管理的电梯进行试车、检修、改装过程中发生意外事故，造成第三者人身伤亡或财产损失，依照中华人民共和国法律（不包括港、澳、台地区法律）应由被保险人承担的经济赔偿责任，保险人按照保险合同约定负责赔偿。

二、电梯“保险 + 服务”创新模式

在传统电梯安全责任保险基础上，保险公司通过整合第三方维保维修资源，由保险公司参与电梯日常运行安全管理工作，并对相关损失进行赔偿。包括：

1. 传统电梯安全责任保险。通过传统电梯安全责任保险，对电梯安全事故进行兜底保障。

2. 电梯维护保养监督。在保险期间内，由保险公司协助电梯所有、使用、管理单位，针对电梯日常维护保养工作，参照国家颁布的有关电梯维护保养规则等规范，采取相关技术手段、人工巡查手段，对电梯日常维护保养工作进行全面监督，确保电梯维护保养工作有序开展，如图 3–1 所示。

3. 电梯维修置换费用损失补偿。在保险期间内，被保险电梯在日常使用过程中因存在安全事故隐患，或发生故障无法正常运行需要对保险单载明的零配件进行维修的，被保险人为保证其安全运行所实际支出的电梯零部件维修费用、重置费用、人工费用等必要且合理的费用，保险人按照保险合同的约定负责赔偿。另外，因遭受自然灾害导致电梯发生故障无法正常运行或存在安全事故隐患，以及

图 3–1　电梯维保监督

被保险电梯的配套设施设备在日常使用过程中因存在安全事故隐患或损坏，需要对其进行维修的，被保险人所支出的维修费用、重置费用、人工费用等必要且合理的费用，保险人按照合同约定也负责赔偿。

4. 物联网监控。在保险期间内，被保险电梯通过安装物联网监测设备，由保险人负责对物联网监测数据进行实时收集、汇总、分析与评估，实时掌握电梯运行安全状况，指导电梯安全管理工作。

5. 电梯安全综合评估。在保险期间内，保险公司通过传统第三者责任保险出险情况、维保监督、零配件维修更换、整梯置换、物联网监控等，对结果数据进行分析挖掘、综合评估，全面掌握电梯安全状况，确定电梯安全等级，感知电梯安全态势，指导电梯安全管理与保障工作，如图 3–2 所示。

三、电梯安全责任保险的适用范围

凡与保险人订立保险合同，并按照合同约定负有支付保险费义务的个人或企事业单位，包括但不限于电梯所有权人、使用权人、管理人，均可作为保险合同的投保人和被保险人。

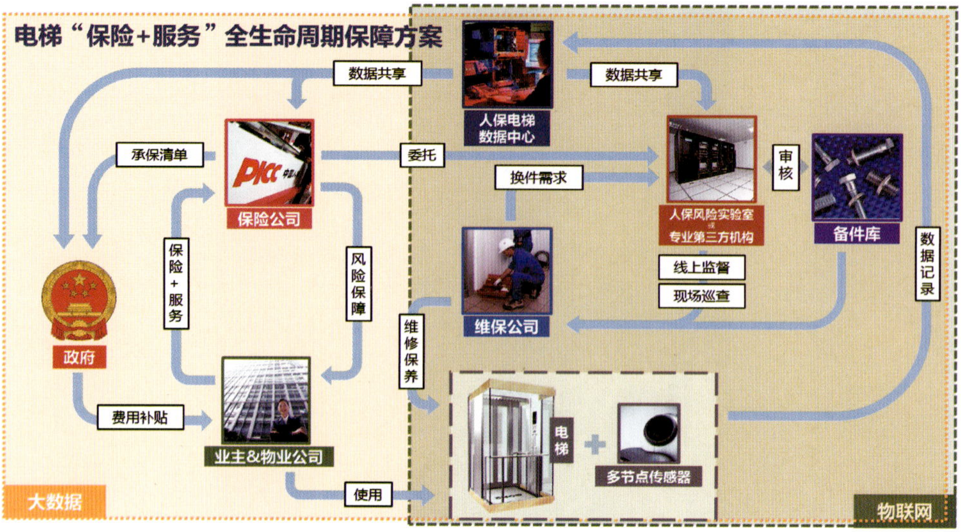

图 3-2　电梯“保险＋服务”方案流程

除另有约定外，经国家特种设备安全监察机构核准的检验机构进行验收检验，取得使用登记标志或定期检验标志，并在检验有效期内的电梯，可成为被保险电梯。

第二节　电梯安全责任保险的作用

保险公司在各地参与电梯安全管理过程中，因地制宜，适应当地市场需求，不断开拓创新，对电梯安全进行风险减量管理，取得了积极成效。保险对电梯安全管理具有如下积极作用：

一、保险具备解决电梯安全问题的长周期管理能力

近年来，电梯万台事故死亡率虽呈逐年下降趋势，但电梯故障事故率常年居高不下。电梯出现故障后迟迟得不到修复，严重影响百姓的出行和人身财产安全，折射出电梯安全管理问题，究其根本原因是电梯管理参与主体过多导致责任主体不清，各参与主体利益的短期博弈，不具备长周期管理能力，缺少诚信体系

支撑。保险公司作为风险敏感的持久型经营企业，具备长周期的风险管理能力，能够为电梯安全诚信体系进行信任背书，为电梯的长治久安保驾护航。

电梯安全责任保险的作用机理和效果如图 3–3、图 3–4 所示。

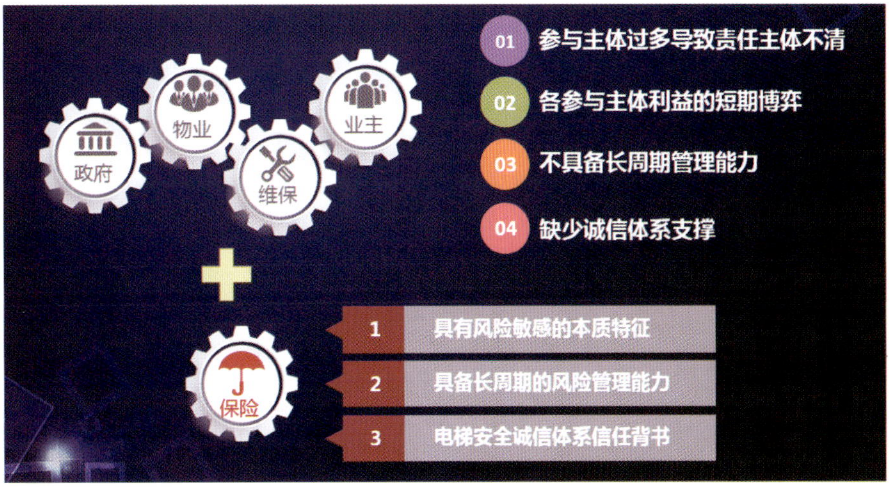

图 3–3　电梯安全责任保险的作用机理

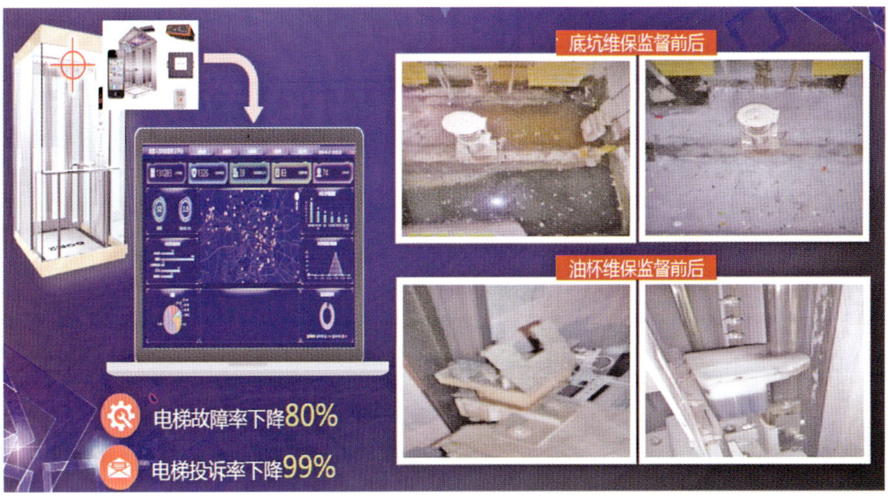

图 3–4　电梯安全责任保险的效果

例如，从 2018 年 2 月开始，保险公司与成都市政府部门联合研究推出电梯“保险 + 服务 + 物联网”新模式，以 3 年为一个周期为承保电梯提供安全管理服务，创新性地运用物联网监控设备“机器人小保安”，全面监测电梯运行情况，对电梯故障进行分析预警，为电梯提供长周期的安全管理与风险保障。以成都市某投保小区为例，在投保前，该小区电梯月故障最高 70 余次，有 3 ~ 5 部电梯长期停运，群众信访超过 15 次，3 人以上群访 3 次，造成不良社会影响。投保后，电梯维修费用大幅缩减，电梯故障率同比下降 80%，投诉同比下降 99%，小区居民满意度大幅提升。

二、保险具备降低电梯安全风险的内在动力

保险最大的功能在于为风险提供保障，为降低日后的赔偿，保险公司对风险具有内在的管理动力。对于参保的电梯，保险公司通过参与电梯安全管理工作，对维保维修进行质量监督，结合电梯体检、安全监控等多种形式，实现事前风险预防、事中风险处置、事后风险补偿的电梯风险减量管理。例如，中国人民财产保险股份有限公司率先在宁波市开展了电梯“保险 + 服务”的创新模式，自主开发了电梯风险管理系统——“电梯安全卫士”，用于跟踪和监控电梯维保人员的维保行为，确保每次维保质量。宁波市通过 4 年实践，承保电梯的维保完成率提升至 100%，维保时长从 35 min 提高到 60 min，电梯平均故障率下降 50% 以上，大大提高了电梯安全水平。

三、保险具备不断解决社会民生问题的创新力

“老旧小区加装电梯”是近年来民生热点话题，《政府工作报告》已连续多年提出要支持老旧小区加装电梯。但是电梯加装容易，加装后长期妥善管理很难，如不做好制度上的安排，加装电梯安全风险将成为新的社会问题。电梯保险作为电梯安全管理的重要抓手，可为加装电梯风险隐患提出全面有效的解决方案，解民之所忧。2020 年 6 月，中国人民财产保险股份有限公司浙江分公司为杭州市拱墅区大关西四苑 8 幢 1 单元业主送上了全国首份“加梯宝”保单，在保障加装电梯全生命周期安全运行外，将电梯外部井道、长廊、幕墙的潜在缺陷风险纳入保障范围，为加装电梯保驾护航，是支持民生工程建设的又一重大创新举措。截至 2020 年底，杭州市已试点承保加装电梯百余台。

第三节　我国电梯安全责任保险发展历程

随着我国城市化进程的加快，无论是公众场所还是居民社区，高层建筑越来越多，电梯越来越不可缺少。伴随着电梯的快速发展，电梯安全问题越来越受到政府高度重视和社会广泛关注，特别是不时发生的电梯伤人事故，更是成为社会舆论焦点。在国家和各省、市、自治区政府积极鼓励和推进、各级银保监会积极探索和研究、各保险公司积极配合和推广下，电梯安全责任保险业务应运而生，并不断发展，逐步从单一的商业保险产品演变为电梯安全管理社会多元共治体系的重要组成部分，在电梯事故预防、转嫁行业风险、快速化解社会纠纷、分担社会公共安全风险等方面起着越来越重要的作用。

2003 年 3 月 11 日，国务院颁布的《特种设备安全监察条例》，规定了将电梯作为特种设备的一种纳入国家重点监察范围，充分说明了电梯安全问题越来越受到政府高度重视和社会的广泛关注。随着电梯纳入特种设备安全监管工作中，各省份及地方政府根据自身辖区特点，不断积极探索电梯安全管理问题，因为电梯保险是运用市场化手段促进特种设备安全管理，缓和化解社会矛盾的有效方式，因此，在原有特种设备安全监管工作的基础上，各地区积极引入保险机制，发挥保险公司的风险分担机制。其中以江西省、贵州省和南京市等地为试点，先后出台了特种设备保险的政策性文件，将电梯保险纳入电梯安全管理工作中。

2010 年《国务院关于进一步加强企业安全生产工作的通知》提出“积极稳妥推行安全生产责任保险制度”。2012 年，广东省选取广州市、东莞市作为电梯安全监管改革试点城市，将电梯安全责任保险作为重点工作之一，首创“一方投保、多方受益”模式，电梯投保后，其所有权人、使用权人、管理方、维修保养方均同时作为被保险人，极大地减少了理赔纠纷。同时，推广统保示范项目，通过整合资源、统一采购，实现同等保障范围价格及服务最优的目标。

经过几年发展，广东省电梯保险覆盖率达到 85%，得到地方政府和市场广泛认可，该模式还推广到了河北、新疆、贵州、安徽、黑龙江、宁夏等省区及深圳、郑州、昆明、长春、青岛等市，共 18 个试点地区。2003—2013 年，通过各地关于电梯安全管理工作的探索以及保险公司对于电梯保险产品的研发更新，我国电梯保险的发展有了良性的政策基础和实践经验。

完善健全的保险机制是解决电梯安全管理工作的重要抓手，2014 年国务院在《关于加快发展现代保险服务业的若干意见》中提出，要充分发挥责任保险在事前风险预防、事中风险控制、事后理赔服务等方面的功能作用，积极化解矛盾纠纷。同年，《中华人民共和国特种设备安全法》正式实施，将“国家鼓励实施特种设备责任保险”上升到法律层面。在此背景下，全国各地陆续开展特种设备责任保险试点工作，但由于保险机构对于电梯行业风险认识和数据积累不足，保费价格相对较高、投保主体不明确，部分地区一台电梯年保费为 800 ~ 1 200 元。由于险种设计与电梯行业风险及企业实际需求的不匹配，导致特种设备责任保险前期试点实施阶段效果并不理想。随着 2014 年《中华人民共和国特种设备安全法》正式实施，全国各地的电梯保险试点工作也相继展开。同时，我国电梯安全责任保险的市场规模也正在不断扩大。

2018 年 2 月，国务院办公厅印发《国务院办公厅关于加强电梯质量安全工作的意见》（国办发〔2018〕8 号）（以下简称《意见》），指出推动发展电梯安全责任保险进一步发展，探索有效保障模式，及时做好理赔服务，化解矛盾纠纷。自该《意见》下发以来，杭州、宁波等全国多地积极开展按需维保探索，并初步形成了一批与本地社会和市场情况相适应的模式，但很多地区仅仅是提供保险保障，并未引入维保管理服务，不能有效提升维保服务质量，无法实现事前风险预防、事中风险监控。我国电梯安全监管工作在电梯安全责任保险传统保障模式下仍面临几大难题，在电梯困人率持续升高、电梯技术保障能力不足、老旧电梯更换资金不到位等问题的困扰下，我国积极探索创新电梯安全责任保险模式，2018 年以来，大力发展“保险 + 服务”创新模式，推动电梯安全责任保险进一步发展。

“保险 + 服务”创新模式是推动电梯维护保养模式转变、依法推进按需维保的有效抓手，将“电梯保险 + 维保服务管理”作为电梯按需维保及延长检验周期改革的前置条件，可有效化解电梯按需维保及延长检验周期后由于维保检验频率不适配所导致的电梯安全风险。同时，通过建立以电梯“使用权者”为参保主体、检验机构及维保单位参与、社会广泛认同和接受的电梯安全责任保险制度，借助于保险手段参与社会治理，形成以保险公司为主体的电梯事故社会监督及救助体系，可提高电梯维护保养质量，强化救助赔付能力，切实履行保险参与政府社会管理的职能。

为进一步推进电梯安全责任保险，2020 年 4 月，国家市场监督管理总局印发《关于进一步做好改进电梯维护保养模式和调整电梯检验检测方式试点工作的意见》（国市监特设〔2020〕56 号），通过政策激励、试点示范、宣传引导等措施，激励电梯相关方积极投保，提高电梯安全责任保险覆盖面，发挥责任保险的事故赔偿和风险预防作用。推广电梯安全责任保险统保模式，提高保险集中度，降低投保成本。积极开展“保险 + 服务”“电梯养老保险”“检测机构职业保险”等保险创新模式的研究和试点推广，充分运用保险的市场约束激励机制，构建电梯安全社会治理体系，强调所维保的电梯应当已购买电梯安全责任保险。

现阶段，我国“保险 + 服务”创新模式基本形成了以“保险 + 维保”的宁波模式：依托电梯卫士，维保维修齐发力；“保险 + 养老”的杭州模式：率先实现电梯全生命周期保障；“保险 + 服务 + 物联网”的成都模式：传统三者 + 维保监督 + 维修更换 + 物联网监控等涵盖“保险 + 服务 + 实验室”的创新模式。

第四节　我国电梯安全责任保险市场分析

一、电梯安全责任保险市场现状分析

1. 宏观层面

（1）电梯市场存量分析。我国电梯市场自 2008 年以来呈行业高速发展态势，截至 2020 年，我国的电梯总数已经高达 786.55 万台，占据了全国特种设备总数的 47.72%。相关统计数据显示，2005—2020 年 10 余年间，我国的电梯总数增长了 721.37 万台，增长了 11 倍多，仅在 2019 年全年，我国的电梯数量就锐增了 81.92 万台，2020 年受新冠疫情和地产调控政策影响略微有所下滑。横向来看，全球 70% 的电梯在中国制造，60% ~ 65% 的电梯在中国市场销售。目前，我国电梯保有量、年产量、年增量、年安装量均为世界第一，其中 2020 年占据了全球 80% 的电梯产量和 40% 的在用电梯数量。

（2）电梯安全责任保险市场整体状况。我国电梯安全责任保险市场中的保险种类基于电梯差异化需求呈多样发展，主要以传统第三者责任险为主的传统投保模式和以“保险 + 服务”为核心的创新保险投保模式构成。

整体上看，截至 2019 年，我国各类别电梯安全责任保险共覆盖电梯 273.16 万台，投保电梯占总保有量的 38.49%。据估算，2020 年电梯安全责任保险覆盖率突破 40%。

综上所述，以 2020 年全国在用的 786.55 万台电梯和 40% 的覆盖率，电梯安全责任保险的市场规模潜力巨大，以传统模式平均保费 100 元、创新模式平均保费 5 000 元为基础估算，全国电梯保险市场保费规模约为 157 亿元。

2. 微观层面

电梯安全责任保险市场微观层面分析以“保险 + 服务”投保模式下的电梯安全责任保险市场状况分析为主。以全国电梯安全责任保险市场为基础，我国部分试点地区重点开展了基于电梯差异化需求的“保险 + 服务”创新保险模式投保工作，其中以杭州市、宁波市、成都市为主要阵地。“保险 + 服务”模式下各地电梯安全责任保险状况如下：

（1）杭州市

截至 2020 年第一季度，浙江省杭州市在用电梯总量突破 14 万台，其中使用超过 10 年的电梯数量达到 2.9 万台，使用超过 15 年的电梯约 7 900 台。全市传统电梯安全责任保险覆盖率超过 50%，公共场所电梯已全部覆盖。在此基础上，以推动“电梯养老保险”（即全生命周期综合保险）试点工作为重中之重。在杭州市拱墅区，开展了全国首个“电梯养老保险”试点，将电梯日常维护保养、部件维修更换、检验、部分整梯置换和人身财产损失等纳入保险赔付范围。目前，以“保险 + 服务”为创新模式的电梯养老保险已在杭州市 7 个区县（市）落地，投保电梯数量近 3 000 台。

（2）宁波市

截至 2020 年第一季度，宁波市传统电梯安全责任保险投保电梯约 27 000 余台，且 9 个区县给予电梯安全责任保险财政补贴政策。同时，宁波市鄞州区试点启动了电梯“保险 + 服务”保险创新模式下的手机 App“电梯安全卫士”，基于重要节点记录的方式，实现跟踪和监控电梯维保人员的维保行为，使电梯平均维保时长从最初的 35 min 延长到 60 min，维保完成率 100%，新保险模式推广后电梯故障率下降 50%，且已完成创新保险模式投保电梯 1 万余台。

（3）成都市

2020 年初，成都传统电梯安全责任保险模式在保电梯约 9 400 余台，其中创新保险模式 1 546 台；截至 2021 年 3 月底，“电梯维修保险”创新模式已承保成都市 160 个小区、3 026 台电梯。

二、电梯安全责任保险市场潜力分析

1. 加装电梯增量分析

（1）加装电梯背景

“老旧小区加装电梯”是近年来我国政府及社会的热点话题，随着我国老龄化步伐加快，老旧小区“悬空老人”以及百姓出行“最后一公里”的难题亟须得到解决。为此，我国《政府工作报告》连续 3 年提出了支持老旧小区加装电梯的政策要求。政策背景见表 3–1。

表 3–1　加装电梯政策内容

年份	政策内容
2018	有序推进“城中村”、老旧小区改造，完善配套设施，鼓励有条件的加装电梯
2019	城镇老旧小区量大面广，要大力进行改造提升，更新水电路气等配套设施，支持加装电梯
2020	新开工改造城镇老旧小区 3.9 万个，支持管网改造、加装电梯等

2020 年 7 月 20 日，国务院办公厅印发《关于全面推进城镇老旧小区改造工作的指导意见》（国办发〔2020〕23 号），要求 2020 年新开工改造城镇老旧小区 3.9 万个，涉及居民近 700 万户，有条件的楼栋加装电梯。支持小区居民提取住房公积金，用于加装电梯等自住住房改造。建立政府与居民、社会力量合理共担改造资金的机制。据国家有关部门统计，全国 2000 年以前建成的老旧小区近 17 万个、老旧住宅面积约 80 亿平方米，70% 以上城镇老年人口居住的老旧楼房无电梯。同时，伴随着我国老龄化步伐的加快，旧楼加装电梯显得尤为迫切。因此，我国加装电梯的市场规模同样潜力巨大。

（2）加装电梯市场规模

加装电梯带来电梯市场扩容，基于我国政府大力推进老旧小区的政策扶持和相关数据统计，老旧小区加装电梯市场将带来较大规模的电梯市场扩容，同时也极大拓展了电梯安全责任保险的标的市场规模。粗略估算，全国加装电梯总需求量在 250 万～300 万台左右，截至 2020 年底，已经加装大约 5 万台，加装率仅为 2%，加装潜力巨大。同时，全国已有超过 20 个省份出台了加装电梯相关补贴政策，每台加装电梯的补贴费用在 3 万～70 万元不等，平均补贴 18 万元左右。

以杭州市加装电梯市场为例。2019 年，杭州市政府第三次将既有住宅加装电梯列入年度“十件民生实事”项目，且全年完成加装电梯监督检验 451 台，其中浅底坑加装电梯 79 台。2020 年 6 月，浙江省杭州市拱墅区大关街道举办的加装电梯保险签约仪式上，杭州市大关西四苑 8 幢 1 单元业主投保了全国首份“加梯宝”保险，实现全国首台加装电梯购买电梯“养老”综合保险。

2021 年 3 月，成都市将既有住宅自主增设电梯作为“幸福美好生活十大工程”具体举措之一，并于 2021 年 1 月出台了《成都市人民政府办公厅关于进一步促进既有住宅自主增设电梯工作的实施意见》，并计划未来 3 年在成都市累计增设加装电梯约 5 000 台，鼓励符合增设条件的单元“应装尽装”，压实各级责任，明确工作任务，与城市更新和老旧小区改造提升同步推进。截至 2021 年 2 月底，成都市共增设加装电梯 751 台。其中，2018 年实现零的突破，2019 年推动完成 162 台，2020 年推动完成 398 台，2021 年截至 2 月底完成 191 台。

宁波市住建局则依据《宁波市既有多层住宅加装电梯专项攻坚行动方案》持续推进老旧小区加装电梯工作，截至 2020 年底已完成加装电梯 100 台，且每部电梯补贴 20 万元。

因此，在原有电梯产量、保有量增长的基础上，老旧小区加装电梯的市场规模同样不容忽视，更加拓宽了电梯安全责任保险的标的市场规模。以 2019 年我国 300 万台加装电梯需求量和 30% 的加装电梯安全责任保险覆盖率计算，以创新保险模式梯均保费 5 000 元为基础估算，全国电梯保险市场保费规模将达 45 亿元。

2. 按需维保增量分析

（1）电梯按需维保政策分析

电梯数量快速增长的今天，电梯维护保养的需求量也越来越大，但实际情况中维保力量的增长始终无法赶上电梯数量的增速。同时，电梯维保单位数量众多，各单位维护保养能力参差不齐。市场调查发现：正常情况下，一名维保人员应负责 15 ~ 20 台电梯，现在人均普遍负责 40 ~ 50 台甚至 60 ~ 70 台电梯。维保人员为了完成工作任务，往往只能在工作中“偷工减料”，造成电梯维护保养无法到位。

在此背景下，2020 年 4 月，国家市场监督管理总局印发《关于进一步做好改进电梯维护保养模式和调整电梯检验检测方式试点工作的意见》（国市监特设〔2020〕56 号），要求大力推进电梯安全责任保险。通过政策激励、试点示范、宣传引导等措施，激励电梯相关方积极投保，提高电梯安全责任保险覆盖面，发挥责任保险的事故赔偿和风险预防作用，并将购买电梯安全责任保险作为开展按需维保的前置条件。

（2）按需维保实践情况

截至 2020 年底，全国各省均已印发相关文件。浙江、陕西、宁夏等省份特别将“保险 + 服务”作为延长维保周期的条件；北京等地将投保电梯安全责任保险作为延长检验检测周期改革试点的前置条件。各地文件的实践情况如下：

2020 年 9 月 1 日，浙江省杭州市发布了《杭州市改进电梯维护保养模式和调整电梯检验检测方式试点工作方案（征求意见稿）》，其中明确提出了维保电梯须购买电梯安全责任保险。具体内容包括：一是维保电梯须已投保“电梯安全责任保险”或已投保比“电梯安全责任保险”范围更广的电梯保险；二是电梯具备物联网系统，或试点项目每 15 天可以通过现场照片、视频等信息化手段进行远程检查维护，或已购买“电梯养老保险”。

2020 年 11 月 27 日，北京市重点推进了电梯按需维保试点工作，计划于 2021 年 1 月至 2022 年 6 月组织对满足试点条件的电梯使用、维保单位开展电梯维护保养和检验检测改革试点具体措施，对按需维保电梯需购买电梯安全责任保险作了具体要求，充分将按需维保前置条件纳入投保电梯安全责任保险范畴。

2020 年 12 月 18 日，陕西省发布了电梯按需维保相关政策文件，计划于 2021 年在西安市开始试点实施；将投保电梯安全责任保险作为前置条件，2022

年以西安为试点经验，在全省扩大试点范围；2023 年则在全省推广。

基于以上分析，目前我国电梯安全责任保险市场潜力除了电梯市场的产量、保有量增速之外，还包括了老旧小区加装电梯市场和按需维保政策覆盖下的电梯市场。

第四章 我国电梯安全责任保险的法治环境

国内经济的快速发展为电梯的普及提供了广泛的市场，国内电梯的使用量以前所未有的速度增加，随着电梯事故时有发生，电梯安全成为关乎民生的重要议题。目前，电梯行业正在规范化发展的道路上不断前行，电梯技术也有日新月异的突破和创新，这离不开电梯安全运行实践中，政府部门和行业协会的规范和引导作用。国家法律《中华人民共和国特种设备安全法》和国务院行政法规《特种设备安全监察条例》都对电梯的寿命周期各个环节的安全运行建立了系统性安全监察架构，各级政府部门也在法律和行政法规的条文框架下，颁布了相关的法规政策，积极探索和引导电梯安全和电梯安全责任保险的健康有序发展，现将国家及各省、市、自治区政府颁布的电梯安全责任保险相关法律法规、政策文件归纳整理如下。

第一节 国家层面法规政策

我国电梯行业法律、法规见表 4-1。

表 4-1　我国电梯行业法律、法规

文件层级	颁布时间	颁布单位	文件名称	相关内容
法律	2013 年 6 月 29 日	全国人民代表大会常务委员会	《中华人民共和国特种设备安全法》（中华人民共和国主席令第 4 号）	提出国家鼓励投保特种设备安全责任保险
国务院文件	2006 年 6 月 15 日	国务院	《国务院关于保险业改革发展的若干意见》（国发〔2006〕23 号）	对发展安全责任保险提出了明确的要求
	2009 年 1 月 24 日	国务院	《国务院关于修改〈特种设备安全监察条例〉的决定》（中华人民共和国国务院令第 549 号）	鼓励实行特种设备责任保险制度，提高事故赔付能力
	2018 年 2 月 1 日	国务院办公厅	《国务院办公厅关于加强电梯质量安全工作的意见》（国办发〔2018〕8 号）	以降低电梯故障率、提高理赔服务水平，化解矛盾纠纷为目标；持续探索优化电梯“保险 + 服务”新模式
部委文件	2016 年 2 月 23 日	质检总局	《质检总局关于印发〈特种设备安全监管改革顶层设计方案〉的通知》（国质检特〔2016〕91 号）	加快推进特种设备安全监管改革，试点推进安全责任保险，运用市场手段，建立落实企业主体责任的约束和激励机制
	2017 年 4 月 28 日	质检总局	《质检总局关于同意江苏、浙江省开展电梯安全监管改革创新试点的批复》（国质检特函〔2017〕187 号）	提出推进电梯安全综合保险制度
	2019 年 2 月 19 日	市场监管总局特种设备局	《市场监管总局特种设备局关于印发〈2019 年特种设备安全监察与节能监管工作要点〉的通知》（特设局函〔2019〕4 号）	以提高电梯保险覆盖率为目标；发展电梯安全责任保险的具体措施和保险示范条款；持续推动优化电梯“保险 + 服务”新模式

续表

文件层级	颁布时间	颁布单位	文件名称	相关内容
部委文件	2020年4月16日	市场监管总局特种设备局	《市场监管总局关于进一步做好改进电梯维护保养模式和调整电梯检验检测方式试点工作的意见》（国市监特设〔2020〕56号）	大力推进电梯安全责任保险。通过政策激励、试点示范、宣传引导等措施，激励电梯相关方积极投保，提高电梯安全责任保险覆盖面，发挥责任保险的事故赔偿和风险预防作用。推广电梯安全责任保险统保模式，提高保险集中度，降低投保成本。积极开展“保险+服务”“电梯养老保险”“检测机构职业保险”等保险创新模式的研究和试点推广，充分运用保险的市场约束激励机制，构建电梯安全社会治理体系
	2020年12月25日	住房和城乡建设部等10部委	《住房和城乡建设部等部门关于加强和改进住宅物业管理工作的通知》（建房规〔2020〕10号）	探索维修资金购买电梯安全责任保险

国家从立法、行政法规、部委政策文件方面，多层级、多角度为推进电梯保险提供了有力的政策支撑。国务院鼓励支持发展电梯安全责任保险，电梯监管部门积极探索电梯保险创新模式，推动扩大电梯保险覆盖面，住房城乡建设部等行业管理部门探索购买电梯保险的资金来源新渠道，这些政策都为推广电梯保险创造了积极、有利的条件。目前，电梯保险相关法律法规体系仍在不断补充完善，纵观国家层面政策体系，有些层级仍存在一些空白，如行政法规与部委政策文件之间，尚缺少部门规章支撑，国家层面电梯保险相关政策仍有进一步完善的空间。

第二节　地方层面政策法规

我国电梯行业地方法规见表4-2。

表 4-2　我国电梯行业地方法规

省份	文件层级	发布时间	发布单位	文件名称	主要内容
天津	地方工作文件	2019 年 6 月 8 日	天津市滨海新区人民政府办公室	《天津市滨海新区人民政府办公室关于印发滨海新区电梯安全综合保险试点实施方案的通知》（津滨政办发〔2019〕12 号）	推行电梯安全综合保险。保险机构为参保电梯使用单位提供电梯第三者责任保险保障。对于承保电梯，由电梯使用单位、维保单位和保险机构三方共同签订《电梯维修保养合同》。保险机构通过自主开发的“电梯卫士”维保过程监控系统实现维保过程的质量监控
天津	地方规范性文件	2020 年 7 月 19 日	天津市市场监督管理委员会	《天津市市场监管委关于推动开展全市电梯安全责任保险示范项目工作的实施意见》（津市场监管特〔2020〕19 号）	通过推行“统一保险方案、统一理赔流程、统一事故预防”的电梯安全责任保险示范项目，逐步建立覆盖电梯所有权人、使用人、管理人、电梯维修保养方等各个环节的电梯安全责任保险制度体系，实现优化保险保障、提高保险赔偿标准、降低保险成本的统保目标，扩大投保覆盖面
河北	地方政府规章	2017 年 1 月 10 日	河北省人民政府	《河北省电梯安全管理办法》（河北省人民政府令〔2017〕第 1 号）	鼓励、支持电梯使用管理、维护保养等单位投保电梯安全责任保险，提高事故赔付能力
河北	地方工作文件	2018 年 3 月 29 日	河北省人民政府办公厅	《河北省人民政府办公厅关于加强电梯质量安全工作的实施意见》（冀政办字〔2018〕42 号）	积极推动电梯安全责任保险。探索有效保障模式，推动发展电梯安全责任保险，及时做好理赔服务，化解矛盾纠纷。创新保险机制，优化发展“保险 + 服务”新模式，发挥保险的事故赔偿和风险预防作用，促进电梯使用管理和维保水平提升，促进社会和谐稳定 探索制定有利于促进有关单位积极投保、有利于电梯安全责任保险发展的配套措施，推动电梯安全责任保险科学、有效、有序开展

续表

省份	文件层级	发布时间	发布单位	文件名称	主要内容
山西	地方规范性文件	2019年7月12日	山西省市场监督管理局、中国银保监会山西监管局	《山西省市场监督管理局 中国银保监会山西监管局关于开展电梯安全责任保险工作的实施意见》（晋市监特设〔2019〕188号）	鼓励电梯所有者或其委托管理者同时投保电梯维保、安装、检测人员雇主责任保险、电梯财产保险等相关险种。对投保范围、投保主体、保险责任、保险标准、“保险＋服务”主要内容、理赔服务等进行具体规定
	地方规范性文件	2018年8月1日	山西省人民政府办公厅	《山西省人民政府办公厅关于加强电梯质量安全工作的实施意见》（晋政办发〔2018〕81号）	推动发展电梯安全责任保险。坚持政府推动、市场运作和专业经营相结合的原则，推动发展电梯安全责任保险，制定电梯安全责任保险实施意见，开展住宅电梯以及学校、医院、车站、商场等人员密集场所电梯安全责任保险工作。创新保险机制，试点开展“保险＋服务”新模式，由保险机构指定部门，对电梯维护保养和日常管理实施监督服务，发挥保险的事故赔偿和风险预防作用，促进电梯使用管理和维保水平提升
内蒙古	地方政府规章	2015年6月29日	内蒙古自治区人民政府	《内蒙古自治区电梯安全管理办法》（内蒙古自治区人民政府令第213号）	自治区推行电梯安全责任保险，鼓励电梯生产、维护保养、使用管理责任、检验、检测等单位投保电梯安全责任保险
	地方规范性文件	2018年11月19日	内蒙古自治区人民政府办公厅	《内蒙古自治区人民政府办公厅关于加强电梯质量安全工作的实施意见》（内政办发〔2018〕82号）	推动开展电梯安全责任保险。制定自治区电梯安全责任保险统保项目方案，确立多方投保主体，实现“一方投保、各方受益”，用市场化手段解决电梯事故应急救助、垫付资金难题，推进电梯安全责任保险工作

续表

省份	文件层级	发布时间	发布单位	文件名称	主要内容
内蒙古					发展“保险＋服务”新模式。鼓励保险机构充分发挥风险管理方面的专业优势，加强风险管理资源投入，提高风险事故的应急处理和理赔服务水平，助力完善电梯安全管控和事故赔偿体系。创新保险机制，推动商业责任保险与电梯安全工作有效结合，逐步建立事故预防、应急处置、利益保障等工作机制，形成相关单位持续投保、保险机构持续经营、社会公众长期受益的良性循环，促进电梯使用管理和维保水平提升
辽宁	地方工作文件	2010年1月12日	鞍山市人民政府办公厅	《鞍山市人民政府办公厅转发市质监局 市房产局关于在全市试行开展电梯等特种设备安全责任保险工作实施意见的通知》（鞍政办发〔2010〕3号）	全市范围内的公众聚集场所，即各宾馆、商场、车站、饭店、休闲娱乐场所、医院、公园、学校、幼儿园、景区、体育场馆、展览馆、高层住宅等电梯使用单位应当自觉投保安全责任保险。其他场所的电梯使用单位及锅炉、压力容器（含气瓶）、压力管道、起重机械、客运索道、大型游乐设施和厂（场）内专用机动车辆等特种设备使用单位可参照公众聚集场所电梯保险模式投保安全责任保险
	地方规范性文件	2019年8月20日	辽宁省市场监督管理局、辽宁银保监局、辽宁省住房和城乡建设厅	《关于全面推进电梯安全责任保险工作的通知》（辽市监发〔2019〕118号）	到2019年底，各市电梯安全责任保险覆盖率达到30%以上，推动学校、医院、车站（码头）、商场等公共聚集场所以及机关、事业单位办公场所电梯投保责任保险 到2020年底，各市开展电梯“保险＋服务”模式应用试点工作，各市电梯安全责任保险覆盖率达到50%以上 到2021年底，全省电梯安全责任保险市场化运行机制基本形成，电梯安全责任保险覆盖率逐年提高，电梯保险作用充分显现

续表

省份	文件层级	发布时间	发布单位	文件名称	主要内容
辽宁	地方规范性文件	2019 年 9 月 22 日	辽宁省市场监督管理局	《关于全省实施电梯安全责任保险的指导意见》	针对电梯安全责任保险投保范围、投保主体、责任保险内容、电梯“保险 + 服务”内容、合理确定保费额度、充分运用电梯平台、加强推进实施工作等方面进行规定。特别地，电梯“保险 + 服务”内容主要为：在电梯安全责任保险基础上增加财产保险、主要零部件保险和电梯安全运行服务措施，鼓励保险机构创新、丰富保险产品，针对电梯停梯、电梯老龄化等情况设计相关保险产品，对电梯安全运行给予保障
黑龙江	地方工作文件	2018 年 7 月 7 日	黑龙江省人民政府办公厅	《黑龙江人民政府办公厅关于加强电梯质量安全工作的实施意见》（黑政办规〔2018〕40 号）	推动电梯安全责任保险。制定全省电梯安全责任保险统保示范项目保险方案，明确电梯生产、使用、维保单位之一均可作为投保人，实现“一方投保、各方受益”，确定事故发生后的应急支付、垫付机制等，推进电梯安全责任保险工作 优化发展“保险 + 服务”新模式。鼓励保险机构充分发挥风险管理方面的专业优势，加强风险管理资源投入，提高风险事故的应急处理和理赔服务水平，助力完善电梯安全管控和事故赔偿体系。创新保险机制，推动商业责任保险与电梯安全工作有效结合，逐步建立事故预防、应急处置、利益保障等工作机制，形成相关单位持续投保、保险机构持续经营、社会公众长期受益的良性循环，促进电梯使用管理和维保水平的提升
	地方性法规	2018 年 10 月 26 日	黑龙江省第十三届人民代表大会常务委员会	《黑龙江省电梯安全条例》（黑龙江省第十三届人民代表大会常务委员会公告第 12 号）	推动电梯生产、使用、维护保养等单位投保电梯安全责任保险，提高事故赔付能力

续表

省份	文件层级	发布时间	发布单位	文件名称	主要内容
黑龙江	地方工作文件	2019 年 2 月 22 日	佳木斯市人民政府办公室	《佳木斯市人民政府办公室关于印发佳木斯市电梯安全责任保险方案的通知》（佳政办规〔2019〕5 号）	率先选择电梯拥有量高、分布密集的住宅物业小区电梯作为试点投保电梯安全责任保险，然后逐步扩展到学校、幼儿园、医院、客运枢纽等公众聚集的场所以及相关单位
	地方政府规章	2021 年 1 月 14 日	齐齐哈尔市人民政府	《齐齐哈尔市房屋专项维修资金管理办法》（齐齐哈尔市人民政府令第 1 号）	有条件的小区和楼栋可以使用维修资金购买与电梯维修和更新、改造有关的保险，使用程序参照维修资金一般使用程序
上海	地方规范性文件	2018 年 9 月 7 日	上海市人民政府办公厅	《上海市人民政府办公厅印发〈关于本市加强电梯质量安全工作的实施方案〉的通知》（沪府办规〔2018〕22 号）	探索“保险 + 服务”模式，推动保险机构搭建电梯保险服务平台，逐步建立电梯保险基金和综合保险责任制度，提供电梯产品责任险、从业人员人身险、电梯安全综合保险、社会公众责任险和电梯延长保修保险服务等，并推动电梯保险服务创新和保险科技应用
江苏	地方性法规	2011 年 12 月 14 日	南京市人民代表大会常务委员会	《南京市电梯安全条例》（南京市人民代表大会常务委员会公告第 6 号）	鼓励电梯使用单位参加电梯安全责任保险
	地方规范性文件	2013 年 11 月 15 日	江苏省人民政府	《江苏省人民政府办公厅关于推行电梯安全责任保险的实施意见》（苏政办发〔2013〕183 号）	按照“谁投保、谁受益”的原则，投保责任主体应当是电梯产权人、维保单位、检验机构、电梯生产厂家等电梯安全相关单位和个人。全省范围内的在用电梯和新装电梯都应当投保电梯安全责任保险。要加快推进住宅电梯以及学校、幼儿园、医院、车站、客运码头、商场、体育场馆、展览馆等公众聚集场所的电梯安全责任保险工作，加快完善“经济适用房”“安居房”等民生工程项目的电梯安全责任保险政策措施

续表

省份	文件层级	发布时间	发布单位	文件名称	主要内容
江苏	地方工作文件	2014 年 7 月 11 日	无锡市人民政府办公室	《无锡市人民政府办公室印发关于贯彻落实省政府办公厅关于推进电梯安全责任保险实施意见的实施方案的通知》（锡政办发〔2014〕112 号）	电梯安全责任保险投保范围为：本市市区范围内经检验合格的在用电梯和新安装电梯； 在用电梯的投保主体为电梯使用单位、电梯维保单位、电梯检验机构，新安装电梯的投保主体为电梯制造单位或者其委托的安装单位
	地方工作文件	2015 年 5 月 14 日	泰州市人民政府办公室	《泰州市人民政府办公室关于印发泰州市推行电梯安全责任保险实施方案的通知》（泰政办发〔2015〕65 号）	电梯安全责任保险的投保范围为本市范围内经检验合格的在用电梯和新安装电梯。按照“谁投保、谁受益”的原则，投保责任主体应为电梯产权人、维保单位、检验机构、电梯生产厂家等电梯安全相关单位
	地方规范性文件	2015 年 5 月 23 日	南京市政府办公厅	《南京市政府办公厅关于推行电梯安全责任保险的实施意见》（宁政办发〔2015〕67 号）	本市范围内经检验合格的在用电梯和新安装电梯都应投保电梯安全责任险。投保主体是电梯产权人、维保单位、检验机构、电梯生产厂家等电梯安全相关方。对在用电梯，由电梯所有权人或使用权人、电梯维保单位、电梯检验机构按一定比例共同投保（住宅电梯投保保费比例为 2∶3∶5，非住宅电梯投保保费比例为 5∶4∶1，别墅电梯由产权所有人单独全额投保），每年投保 1 次；对新安装电梯，由电梯制造单位或者其委托的安装单位投保 1 年期的电梯安全责任保险
	地方规范性文件	2015 年 8 月 29 日	淮安市政府办公室	《淮安市政府办公室关于推行电梯安全责任保险的实施意见》（淮政办发〔2015〕126 号）	本市范围内经检验合格的在用电梯和新安装电梯。在用电梯的投保主体为电梯使用单位、电梯维保单位、电梯检验机构，新安装电梯的投保主体为电梯制造单位或其委托的安装单位

续表

省份	文件层级	发布时间	发布单位	文件名称	主要内容
江苏	地方规范性文件	2015年11月16日	常州市政府办公室	《常州市政府办公室关于推行电梯安全责任保险的实施意见》（常政办发〔2015〕123号）	本市市区范围内经检验合格的在用电梯和新安装电梯都应投保电梯安全责任保险
江苏	地方规范性文件	2015年12月1日	连云港市政府办公室	《连云港市政府办公室关于印发连云港市推进电梯安全责任保险实施办法的通知》（连政办发〔2015〕175号）	电梯安全责任保险的投保范围为本市范围内经定期检验合格的在用、在册电梯和监督检验合格的新安装电梯。在用电梯的投保主体为电梯使用单位、电梯维保单位、电梯检验机构，新安装电梯的投保主体为电梯制造单位或者其委托的安装单位
江苏	地方规范性文件	2018年6月15日	江苏省人民政府办公厅	《江苏省人民政府办公厅关于加强电梯质量安全工作的实施意见》（苏政办发〔2018〕45号）	积极发展电梯安全责任保险。坚持政府推动、市场运作和专业经营相结合的原则，推动发展住宅电梯以及学校、医院、车站、商场等公众聚集场所的电梯安全责任保险，大力推进保障性住房等民生项目的电梯安全责任保险。优化发展“保险＋服务”新模式，发挥保险的事故赔偿和风险预防作用，促进电梯使用管理和维保水平提升
浙江	地方规范性文件	2017年	宁波市市场监督管理局	《宁波市电梯按需维保试点工作实施方案》（甬质特发〔2017〕94号）	保持由原制造单位或其书面委托的维护保养单位实施电梯维保，同时持续投保电梯安全综合保险，委托保险机构对电梯按需维保实施情况进行监督。将投保“保险＋服务”电梯安全综合保险作为前置条件
浙江	地方规范性文件	2017年10月21日	宁波市质监局	《关于全面推行电梯安全综合保险工作的意见》（甬质联发〔2017〕7号）	从建设内容、试点范围、试点时间、工作要求等方面就加快推进全市电梯物联网“保险＋服务”试点项目建设进行规定

续表

省份	文件层级	发布时间	发布单位	文件名称	主要内容
浙江	地方规范性文件	2019年2月28日	浙江省人民政府办公厅	《浙江省人民政府办公厅关于进一步加强电梯质量安全工作的实施意见》（浙政办发〔2019〕12号）	推进电梯安全治理改革创新。积极推广宁波电梯综合改革试点经验和做法。各地要结合本地实际制定方案，依法开展基于风险的电梯综合保险、按需维护保养和调整检验周期工作。推行电梯“保险＋服务”，运用市场化和信息化手段，事先介入电梯安全风险防控，探索建立物业专项维修资金用于投保电梯全生命周期综合保险的工作机制，严格落实有效安全监管措施
浙江	地方规范性文件	2019年12月18日	杭州市人民代表大会常务委员会	《杭州市电梯安全管理条例》（杭州市第十三届人民代表大会常务委员会公告第27号）	鼓励电梯使用单位联合或者单独投保电梯安全责任保险，鼓励电梯使用单位与保险机构等约定，由其就电梯维护保养、检验、检测安全风险评估、修理、改造、更新等事项为电梯使用单位提供综合管理服务
浙江	地方工作文件	2020年12月3日	杭州市政府办公厅	关于《杭州市人民政府办公厅关于贯彻落实〈杭州市电梯安全管理条例〉的实施意见》的政策解读（杭政办函〔2020〕53号）	推进电梯保险体系建立，使用财政性资金建设的人流较大场所的电梯要率先投保电梯安全责任险，鼓励使用单位投保电梯养老保险
安徽	地方规范性文件	2018年6月21日	安徽省人民政府办公厅	《安徽省人民政府办公厅关于进一步加强电梯质量安全工作的通知》（皖政办〔2018〕25号）	创新保险机制，优化发展“保险＋服务”新模式，发挥保险的事故赔偿和风险预防作用，促进电梯使用管理和维保水平提升

续表

省份	文件层级	发布时间	发布单位	文件名称	主要内容
福建	地方政府规章	2015 年 12 月 30 日	厦门市人民政府	《厦门市电梯安全管理办法》（厦门市人民政府令第 160 号）	推行电梯安全责任保险。 学校、幼儿园、医院、机场、车站、客运码头、商场、体育场馆、展览馆、公园、电影院、剧院等公共聚集场所使用的电梯应当按照国家、省、市有关规定投保电梯安全责任保险
	地方工作文件	2018 年 5 月 14 日	福建省人民政府办公厅	《福建省人民政府办公厅贯彻落实国务院办公厅关于加强电梯质量安全工作意见的通知》（闽政办〔2018〕42 号）	积极创新管理模式，推进按需维保，探索“物联网 + 维保”新模式，引入“保险 + 服务”
	地方规范性文件	2018 年 10 月 30 日	厦门市人民政府办公厅	《厦门市人民政府办公厅关于进一步加强电梯质量安全工作若干措施的通知》（厦府办〔2018〕202 号）	推行“保险 + 服务”电梯安全管理创新模式。电梯物联网“保险 + 服务”模式是新一代信息技术在城市运营管理方面的应用，通过物联网大数据分析加强电梯管理并引入保险机制，对实现电梯事前安全预防、事中应急处置救援、事后经济补偿，有效提升电梯安全管理水平具有积极作用。各区、各部门要高度重视，积极借鉴先进城市经验，深入研究物联网“保险 + 服务”在电梯安全管理方面的运用，全力提升城市电梯安全运行和电梯故障预警能力。在全市保障性住房、岛内两区国有企事业单位和同安区先行开展电梯物联网“保险 + 服务”试点工作，鼓励有条件的单位积极参与试点工作

续表

省份	文件层级	发布时间	发布单位	文件名称	主要内容
福建	地方规范性文件	2019年7月19日	厦门市建设局、厦门市市场监督管理局	《厦门市建设局　厦门市市场监督管理局关于加快推进厦门市电梯物联网“保险+服务”试点项目建设的通知》（厦建物〔2019〕11号）	厦门市电梯物联网“保险+服务”试点项目由中国人民财产保险股份有限公司厦门市分公司负责建设和运营。中国人民财产保险股份有限公司厦门市分公司应组织人员进楼安装电梯运行数据采集装置，建立电梯物联网平台，并按电梯行业主管部门要求接入政府部门的监管平台，主动接受行业监管，实现数据共享 电梯物联网平台由中国人民财产保险股份有限公司厦门市分公司先行投资建设，政府通过以奖代补的形式予以适当补贴
	地方性法规	2019年7月26日	福建省人民代表大会常务委员会	《福建省电梯安全管理条例》	建立电梯安全责任保险制度，鼓励电梯生产、使用管理、维护保养单位投保电梯安全责任保险，提高事故赔付能力 公众聚集场所的电梯应当按照法律法规和有关规定投保电梯安全责任保险 鼓励保险公司探索参与电梯日常使用与维护保养管理，强化风险的事前防范
江西	地方规范性文件	2009年10月26日	江西省质量技术监督局	《江西省质量技术监督局关于推行特种设备责任保险工作的通知》（赣质监联发〔2009〕9号）	引导和鼓励全省特种设备的使用单位或产权所有者投保特种设备责任保险，倡导和鼓励特种设备生产单位投保相关产品责任保险
	地方工作文件	2018年9月24日	江西省人民政府办公厅	《关于加强电梯质量安全工作的实施意见》（赣府厅发〔2018〕31号）	积极推动电梯安全责任保险。制定电梯安全责任保险实施细则，探索“保险+科技+服务”新模式，依法依规完善电梯安全风险、事故预防管理制度和电梯事故保险应急预付、赔付机制。建立健全电梯安全责任保险相关配套措施，推动电梯安全责任保险科学、有效、有序发展

续表

省份	文件层级	发布时间	发布单位	文件名称	主要内容
江西	地方规范性文件	2019年9月16日	江西省市场监督管理局	《江西省市场监管局关于在全省范围内进一步推行电梯安全责任保险工作的通知》（赣市监局特设字〔2019〕4号）	通过推行覆盖电梯产权单位、使用单位、维保单位等各环节的电梯安全责任保险制度，建立“政府推动、政策引导、市场运作、专业经营”工作机制，明显提高电梯安全责任保险覆盖率，逐步建立起商业保险与电梯安全工作相结合的良性互动机制；发挥费率差别调整的杠杆作用，引导电梯使用维保单位提高管理水平，降低电梯安全风险，提高我省电梯安全风险防控和治理能力。2023年底，全省电梯安全责任保险全覆盖
山东	地方规范性文件	2019年7月16日	山东省市场监管局、山东省财政厅等	《关于全面推进电梯安全责任保险和推动开展电梯“保险+服务”新模式应用工作的通知》（鲁市监特设字〔2019〕282号）	从指导思想、基本原则、工作目标、保险内容、责任分工、工作要求等方面就全面推进电梯安全责任保险和推动开展电梯“保险+服务”新模式应用工作进行规定
	地方规范性文件	2018年9月30日	山东省人民政府办公厅	《山东省人民政府办公厅关于加强电梯质量安全工作的通知》（鲁政办发〔2018〕27号）	电梯安全责任保险、检验机构责任保险、维保机构责任保险、电梯安装单位责任保险，鼓励电梯制造或销售单位投保电梯安全责任保险和财产保险，代买或赠送。结合公众责任险、物业管理责任险，多种方式积极开展 电梯“保险+服务”内容：开展试点，包括电梯安全责任保险、财产保险、电梯主要零部件保险和电梯安全运行服务措施
	地方工作文件	2019年7月29日	青岛市人民政府办公厅	《青岛市人民政府办公厅加强电梯质量安全工作的通知》（青政办字〔2019〕50号）	积极发展电梯安全责任保险。鼓励学校、医院、车站、客运码头、商场、体育场馆、展览馆、公园等公众聚集场所以及机关、事业单位办公场所电梯投保责任保险，积极支持住宅电梯投保责任保险。探索“保险+服务”“电梯养老”综合保险模

续表

省份	文件层级	发布时间	发布单位	文件名称	主要内容
山东					式，推动商业责任保险与电梯事故预防、应急处置、安全管理等工作有机结合。鼓励完善电梯安装、维保人员人身保险品种，提高保险额度
山东	地方规范性文件	2020年5月28日	山东省住房和建设厅、山东省民政厅、山东省财政厅	《山东省住宅专项维修资金管理办法》（鲁建物字〔2020〕7号）	有条件的小区可按照计划使用程序申请使用维修资金，购买与电梯维修、更新和改造有关的保险
河南	地方政府规章	2014年1月23日	河南省人民政府	《河南省电梯安全监督管理办法》（河南省人民政府令第160号）	鼓励电梯生产、使用单位和电梯检验、检测机构投保电梯安全责任保险
河南	地方工作文件	2016年10月31日	平顶山市人民政府办公室	《平顶山市人民政府办公室关于印发推行电梯安全责任保险实施方案的通知》（平政办〔2016〕83号）	2017年推动电梯安全责任保险工作在全市范围内全面推广。电梯安全责任保险的投保范围为全市范围内经检验合格的在用电梯和新安装电梯。电梯安全责任保险的投保主体为电梯使用单位、电梯维保单位及与主体相关的其他单位
湖北	地方规范性文件	2018年8月13日	湖北省人民政府办公厅	《湖北省人民政府办公厅关于加强电梯质量安全工作的实施意见》（鄂政办发〔2018〕38号）	在湖北省电梯安全责任保险示范项目的基础上，引导推动电梯使用、生产单位投保电梯安全责任保险，畅通社会救助渠道；创新风险管理和保险服务机制，试点引入“保险＋服务”模式，组织保险机构和保险经纪机构协调电梯制造单位、使用单位和维护保养单位等，通过“互联网＋”等信息化技术手段，开展电梯维保质量监控，加强电梯安全巡查、预警，充分发挥保险的事后赔偿和风险管理作用，促进电梯使用管理和维保水平提升，推动电梯安全责任保险发展，提高理赔服务能力和安全风险管理服务水平，有效预防和减少电梯故障和事故发生

续表

省份	文件层级	发布时间	发布单位	文件名称	主要内容
湖北	地方规范性文件	2019 年 10 月 15 日	湖北省市场监督管理局、中国银保监会湖北监管局、湖北省财政厅、湖北省住房和城乡建设厅、湖北省交通运输厅、湖北省文化和旅游厅、湖北省卫生健康委员会、湖北省机关事务管理局	《关于全面推进电梯安全责任保险的指导意见》（鄂市监发〔2019〕116 号）	全面推进电梯安全责任保险，建立电梯“传统保险”“保险 + 服务”“养老保险”等多元投保模式，有效发挥电梯安全责任保险事前预防、事中控制和事后补偿功能，促进电梯使用相关方责任落实，力争到 2019 年底电梯投保率达到 30% 以上
湖南	地方工作文件	2019 年 3 月 26 日	湖南省人民政府办公厅	《湖南省人民政府办公厅关于加强电梯质量安全工作的通知》（湘政办发〔2019〕14 号）	积极发展电梯安全责任保险。研究制定支持发展电梯安全责任保险的政策措施，创新投保机制，鼓励有关单位积极投保。推行“保险 + 服务”新模式，发挥保险的事故赔偿和风险预防作用，促进电梯使用管理和维保水平提升
	地方工作文件	2020 年 12 月 28 日	湖南省市场监督管理局	《湖南省市场监督管理局关于实施湖南省特种设备安全责任保险的通知》（湘市监特设〔2020〕146 号）	全省使用登记并在用的电梯，均须投保电梯安全责任保险

续表

省份	文件层级	发布时间	发布单位	文件名称	主要内容
湖南	地方规范性文件	2020年12月31日	长沙市市场监督管理局	《长沙市市场监督管理局关于实施电梯安全责任保险的通知》（长市监发〔2020〕44号）	全市使用登记并在用的电梯，均须投保电梯安全责任保险
广东	地方规范性文件	2012年4月28日	广东省质量技术监督局	《广东省质量技术监督局关于印发〈广东省电梯安全监管方式改革实施方案〉的通知》（粤质监〔2012〕78号）	推动建立电梯事故责任保险制度，构建社会救助和保险制约机制
	地方规范性文件	2013年10月25日	深圳市市场监管局	《深圳市电梯安全监管方式改革实施方案》（深市监〔2013〕600号）	建立电梯责任险制度。同时该项制度也正式写入《深圳经济特区特种设备安全条例》，为深圳电梯统保项目提供了政策法规支撑
	地方工作文件	2014年5月21日	广东省人民政府	《广东省人民政府关于印发广东省电梯安全监管体制改革方案的通知》（粤府函〔2014〕106号）	明确提出建立以使用管理权者为参保主体，电梯制造企业、维保单位和检验机构参与，社会广泛认同和接受的电梯安全责任保险制度
	地方法规	2015年5月28日	广东省人民代表大会常务委员会	《广东省电梯使用安全条例》（广东省第十二届人民代表大会常务委员会公告第35号）	建立电梯公众责任保险制度，鼓励、支持按照国家和省的有关规定投保电梯公众责任保险

续表

省份	文件层级	发布时间	发布单位	文件名称	主要内容
广东	地方工作文件	2018年3月13日	广东省政府办公厅	《广东省人民政府办公厅转发国务院办公厅关于加强电梯质量安全工作意见的通知》（粤府办〔2018〕8号）	各地、各有关部门要继续深化电梯安全监管体制改革，形成以企业主体责任落实为核心，消费者权益保护为监督基础，保险救济和社会救助为保障，市场技术基础建设为支撑，政府依法监管的现代质量安全治理体系。落实电梯使用管理人首负责任，推动发展电梯安全责任保险，发挥保险在事故快速理赔、社会救助、风险防范等方面的积极作用
	地方工作文件	2019年5月15日	深圳市市场监督管理局	《深圳市市场监督管理局关于印发〈深圳市加强电梯质量安全工作方案〉的通知》（深市监〔2019〕358号）	积极发展电梯安全责任保险。推动发展电梯安全责任保险，扩大电梯统保险的覆盖面，创新保险机制，优化发展“保险+服务”模式，发挥保险事故赔偿和风险预防的作用
	地方规范性文件	2020年10月22日	深圳市人民政府	《深圳市人民政府关于印发深圳市物业专项维修资金管理规定的通知》（深府规〔2020〕8号）	鼓励探索建立维修保险制度。经业主大会决定，可以使用物业专项维修资金购买共有物业维修保险
广西	地方工作文件	2018年7月6日	广西壮族自治区人民政府办公厅	《广西壮族自治区人民政府办公厅关于印发〈加强电梯质量安全工作实施方案〉的通知》（桂政办发〔2018〕73号）	积极发展电梯行业相关保险。推动发展电梯安全责任保险，逐步实现所有公众聚集场所电梯安全责任保险全覆盖。创新保险服务机制，积极探索“保险+服务”模式，完善电梯安装、维护保养人员人身保险品种，适当扩大保障范围，提高保险额度。督促电梯施工单位落实责任，确保进入电梯施工现场的作业人员购买有人身意外保险

续表

省份	文件层级	发布时间	发布单位	文件名称	主要内容
海南	地方规范性文件	2020年11月10日	海南省市场监督管理局、海南省住房和城乡建设厅、中国银保监会海南监管局	《海南省市场监督管理局　海南省住房和城乡建设厅　中国银保监会海南监管局关于推行电梯“保险＋服务”综合保险工作的指导意见》（琼市监规〔2020〕10号）	积极推进电梯“保险＋服务”综合保险工作，充分发挥保险事前预防、事中控制和事后补偿功能，促进电梯相关单位落实安全责任，提升全省电梯安全管理水平
重庆	地方工作文件	2018年11月19日	重庆市人民政府办公厅	《重庆市人民政府办公厅关于加强电梯质量安全工作的通知》（渝府办发〔2018〕165号）	发展电梯安全责任保险，探索有效保障模式，及时做好理赔服务，化解矛盾纠纷。开展电梯“保险＋服务”试点工作，承保电梯安全责任险的保险公司应当对电梯使用单位开展安全宣传、对电梯使用质量安全状况进行抽查，通过风险评估实行保费费率动态调整，促进电梯使用单位加强安全管理，运用市场机制提升电梯安全水平
重庆	地方规范性文件	2020年7月29日	重庆合川区住建委、市监局、应急局	《关于开展“电梯保险＋服务”工作的函》（合川住建函〔2020〕248号）	“电梯保险＋服务”的保费按照谁受益谁投保的原则，由电梯产权人、使用权人、运营使用单位出资，业主出资部分在物业专项维修专项资金中列支
四川	地方政府规章	2015年6月25日	四川省人民政府	《四川省人民政府办公厅关于四川省电梯安全监督管理办法》（四川省人民政府令第298号）	推行学校、医院、车站、机场、商场、体育场馆、展览馆等公共场所投保电梯安全责任保险。电梯相关的行业协会应当加强行业自律，推进行业诚信体系建设，开展行业信息分析研究，参与相关标准的制定、信用评价、推进电梯安全责任保险等工作

续表

省份	文件层级	发布时间	发布单位	文件名称	主要内容
四川	地方工作文件	2019年2月1日	四川省人民政府办公厅	《四川省人民政府办公厅关于加强电梯质量安全工作的实施意见》（川办发〔2019〕12号）	推行“保险＋服务”模式，鼓励党政机关、国有企事业单位、人员密集场所先行试点电梯安全责任保险，通过保险托底、专业服务提升电梯维保质量和事故风险赔偿能力
	地方规范性文件	2020年4月29日	成都市住房和城乡建设局、成都市市场监督局、成都市地方金融监督管理局	《成都市住房和城乡建设局 成都市市场监督局 成都市地方金融监督管理局关于推广“保险＋服务＋物联网”电梯维保维修新模式 保障电梯安全运行的实施意见》（成住建发〔2020〕144号）	鼓励实施服务诚信承诺制并提倡依约履责。鼓励实施“电梯综合保险”服务诚信承诺制，由市住建行政主管部门牵头制定“电梯综合保险”服务诚信承诺书示范文本。在“电梯综合保险”服务合同中明确保障事项、服务内容等，并提倡“电梯综合保险”服务合同涉及的各方主体依约履责。支持“电梯综合保险”承保机构通过物联网技术和专业技术队伍，搭建电梯风险管理平台，对购买“电梯综合保险”的电梯运行情况进行安全监控、数据分析、风险预警，提供电梯安全技术支撑
	地方规范性文件	2020年11月30日	四川省住房和城乡建设厅	《四川省住房和城乡建设厅关于进一步加强住宅专项维修资金管理工作的通知》（川建行规〔2020〕12号）	探索资金保障机制。利用市场化手段遴选商业保险机构服务，由保险机构提供针对住宅小区共用部位、共用设施设备维修养护的定制险种，业主依法合规表决同意后，可利用住宅专项维修资金购买
	地方工作文件	2021年1月4日	成都市人民政府办公厅	《成都市人民政府关于进一步促进既有住宅自主增设电梯工作的实施意见》（成办发〔2021〕2号）	鼓励符合增设条件的单元“应装尽装”，压实各级责任，明确工作任务，与城市更新和老旧小区改造提升同步推进。鼓励购买电梯综合保险
贵州	地方规范性文件	2009年5月19日	贵州保监局、贵州省质量技术监督局	《关于推行特种设备责任保险工作的通知》	要求特种设备生产、经营、使用单位投保特种设备第三者责任保险

续表

省份	文件层级	发布时间	发布单位	文件名称	主要内容
贵州	地方规范性文件	2018年7月27日	贵州省人民政府办公厅	《贵州省人民政府办公厅关于加强电梯质量安全工作的实施意见》（黔府办发〔2018〕29号）	进一步发展电梯安全责任保险。严格落实特种设备安全生产责任保险制度，引导电梯生产、使用管理和维保等单位积极投保电梯安全责任保险。鼓励保险机构按照“保本微利”原则，开发符合投保单位实际需求的电梯安全责任保险。探索有效保障模式，及时做好理赔服务，化解矛盾纠纷。创新保险机制，优化发展“保险＋服务”新模式，鼓励保险机构合规开展防灾防损工作，充分发挥保险的事故赔偿和风险预防作用，促进电梯使用管理和维保水平提升
云南	地方工作文件	2018年9月5日	云南省人民政府办公厅	《云南省人民政府办公厅关于加强电梯质量安全工作的实施意见》（云政办发〔2018〕73号）	坚持政府推动、市场运作的原则，推动发展电梯安全责任保险，鼓励公众聚集场所电梯投保电梯安全责任保险；探索有效保障模式，及时做好理赔服务，化解矛盾纠纷；创新保险机制，优化发展“保险＋服务”新模式，发挥保险的事故赔偿和风险预防作用，促进电梯使用管理和维保水平提升
陕西	地方政府规章	2017年12月7日	陕西省人民政府	《陕西省电梯安全监督管理办法》（陕西省人民政府令第206号）	鼓励购买电梯安全责任保险，提高事故赔付能力
	地方规范性文件	2020年6月11日	陕西省市场监督管理局	《陕西省市场监督管理局关于印发〈全省特种设备安全专项整治三年行动实施方案〉的通知》（陕市监特〔2020〕6号）	全力推动责任保险，提升人民群众安全保障能力。2020年，重点推进电梯安全责任保险，电梯保险覆盖率应不低于保有量的40%。2021年，电梯保险覆盖率应不低于保有量的55%，推动“气瓶”责任保险试点工作。2022年，电梯保险覆盖率应不低于保有量的70%，扩大“气瓶”责任保险试点范围，鼓励责任保险向其他特种设备领域扩展

续表

省份	文件层级	发布时间	发布单位	文件名称	主要内容
陕西					工作措施：一是推动电梯安全责任保险，推广“保险＋服务”、“电梯养老保险”等新模式。二是探索推广“气瓶”领域责任保险，督促指导其他特种设备领域参与责任保险。三是宣传推广特种设备责任保险，发挥特种设备安全生产专业委员会、行业协会、检验检测机构、作业人员考试机构等作用，鼓励特种设备各行业积极投保
甘肃	地方规范性文件	2018 年 7 月 23 日	甘肃省人民政府办公厅	《甘肃省人民政府办公厅关于加强电梯质量安全工作的实施意见》（甘政办发〔2018〕124 号）	推动发展电梯安全责任保险，探索有效保障模式，及时做好理赔服务，化解矛盾纠纷。创新保险机制，优化发展“保险＋服务”新模式，发挥保险的事故赔偿和风险预防作用，促进电梯使用管理和维保水平提升，探索制定有利于促进有关单位积极投保、有利于电梯安全责任保险发展的配套措施，推动电梯保险科学、有效、有序开展
青海	地方工作文件	2018 年 7 月 9 日	青海省人民政府办公厅	《青海省人民政府办公厅关于加强电梯质量安全工作的实施意见》（青政办〔2018〕103 号）	积极发展电梯安全责任保险。推动发展电梯安全责任保险，鼓励公共场所和住宅小区电梯投保安全责任保险，提高电梯安全责任保险投保率，及时做好理赔服务，化解矛盾纠纷。创新保险机制，优化发展“保险＋服务”新模式，发挥保险的事故赔偿和风险预防作用，促进电梯使用管理和维保水平提升
宁夏	地方工作文件	2018 年 10 月 9 日	宁夏回族自治区人民政府办公厅	《宁夏回族自治区人民政府办公厅〈进一步加强电梯质量安全工作实施方案的通知〉》（宁政办发〔2018〕107 号）	巩固“电梯电子监管＋责任保险”模式，探索“保险＋维保”新模式，充分发挥保险的事故赔偿、风险预防作用，促进电梯使用管理和维保水平提升

在国家层面法律法规、政策文件的引导下，各省、直辖市、自治区纷纷出台政策，推动电梯安全责任保险落地。广东、黑龙江、福建等省份及深圳、南京等市，将推进电梯安全责任保险提高到地方立法层级，将电梯安全责任保险纳入了地方性法规中；河南、河北、内蒙古、四川、陕西等省份及大连、长春、厦门等市通过设立政府规章，规范和推广电梯安全责任保险；湖南、海南、江苏、湖北、辽宁、山东、贵州、山西、江西、天津等省份及成都、宁波、厦门、佳木斯、平顶山等市，通过政府部门发文或政府部门联合发文的形式，出台了推动电梯安全责任保险的专门文件；陕西省还将电梯安全责任保险有关要求纳入《全省特种设备安全专项整治三年行动实施方案》中。值得关注的是，湖南省及南京市、常州市、无锡市在全域范围内强制投保电梯安全责任保险，广西壮族自治区、福建省要求公众聚集场所强制投保电梯安全责任保险。另外，北京市、上海市将投保电梯安全责任保险列为申请电梯按需维保和检测试点的必要条件之一。还有不少地区，持续探索推进使用住宅专项维修资金购买电梯安全责任保险，为电梯安全责任保险的保费来源打通重要渠道。

综上所述，特种设备安全责任保险，特别是电梯安全责任保险的相关政策日益完善，责任主体的倒逼机制逐渐形成，为特种设备安全责任保险的发展奠定了坚实的基础。

第五章

电梯安全责任保险运行模式及应用案例分析

第一节　传统第三者责任险模式——统保示范

电梯安全责任保险突出风险预防功能，融合信息化手段，破解电梯安全监管资源不足的难题，提升了维保质量，降低了电梯故障率和事故率，促进电梯安全水平的提升。电梯保险机制也成为电梯管理部门转变职能的有效抓手和提升安全治理水平的得力助手，各地开展了一系列电梯安全责任保险的实践。本章在传统第三者责任险的基础上，论述宁波市、杭州市、成都市电梯安全责任保险以及加装电梯安全责任保险的实践情况。

一、发展缘由

我国电梯安全责任保险的发展时间较短，从 20 世纪 80 年代开始，国家规定了各保险公司可以通过公众责任保险附加的形式承保电梯责任风险，未单独开发和推广电梯相关险种。随着电梯安全监管越来越受到国家的重视和社会的关注，2003 年，中国人民财产保险股份有限公司率先开发了特种设备安全责任保险和电梯安全责任保险产品，填补了电梯相关领域内财产和第三者责任险的空白。2010 年，《国务院关于进一步加强企业安全生产工作的通知》提出，“积极稳妥推行安全生产责任保险制度”。2014 年，《中华人民共和国特种设备安全法》颁布实施，将“国家鼓励实施特种设备责任保险”上升到法律层面。

在此背景下，全国各地陆续开展了电梯安全责任保险的试点工作，以中国人民财产保险股份有限公司为先锋的各保险机构积极开展电梯安全责任保险的研究和推广工作。我国电梯安全责任保险也在近10年时间里，经过摸索、实践和完善，逐步从单一的商业保险产品演变为电梯安全管理社会多元共治体系的重要组成部分，在电梯事故预防、快速化解社会纠纷等方面起着越来越重要的作用。

二、发展现状

目前，江西省和新疆维吾尔自治区在全省全区以电梯安全责任保险的统保模式进行投保，截至2019年9月，江西全省投保4 188台电梯，新疆维吾尔自治区则投保20 200台电梯。

山东省济宁市则在全市范围内共投保31 154台电梯，同时，济宁市政府也以补贴形式承担全市电梯的保费支出，显示了政府对电梯安全的重视和对电梯安全责任保险事业的全力支持。

安徽省铜陵市则以中国人民财产保险股份有限公司独家承保全市约3 500台电梯，保障全市电梯的安全运行。

四川省的成都市和泸州市都以中国人民财产保险股份有限公司首席承保电梯安全责任保险，其中成都市共承保4 794台电梯，泸州市共承保14 127台电梯。

三、运行模式

传统的第三者责任险是指被保险人所有、使用或管理的电梯（包括电梯、液压电梯、自动扶梯和自动人行道），在运行过程中发生意外事故，造成第三者人身伤亡或财产损失，由保险人承担经济赔偿责任。简单来说，传统的电梯安全责任保险产品正是为了解除电梯所有者和乘梯人的后顾之忧而推出的保险产品。

承保传统的第三者风险，电梯单台保险费100元左右，通过电梯安全责任险、特种设备责任险以及公众责任险附加电梯的形式承保。业务模式主要为分散展业和统保招标。

现阶段，我国电梯安全责任保险的覆盖率尚不理想，电梯安全责任保险的投保动力仍需加强，从宏观来看，我国整体电梯安全责任保险市场实施推广的原则是“政府引导、市场运作、专业协助”，核心是市场运作。目前，仍以提高覆盖率为首要目标，以传统第三者责任险的统保示范模式为主要手段进行电梯安全责任保险的发展推广；在统保示范的基础上，大部分实施电梯安全责任保险的地区已经实现企业线上自助投保、缴费功能。

四、优势和局限

目前，市场上广泛推广的电梯险种仍以传统第三者责任险的统保示范模式为主，该模式的优势是能建立事故快赔机制，减少事故发生后的赔偿纠纷等；随着覆盖率相对提高和市场经验的积累，该传统模式的发展已相对成熟，单均保费不高且易于推广。但传统模式也存在如下局限性：（1）理赔触发概率低。由于近年来万台电梯事故死亡率持续下降，简单的事故后赔偿触发率很低，缺少存在感，缺乏客户体验感。（2）事前风险管控难。由于仅做事后赔偿，事前风险管控难，处于被动赔付地位。（3）保险产品同质化。保险产品同质化严重，缺乏有效的竞争力，沦为价格竞争。（4）无法根本解决电梯安全问题。仅做事后赔偿，未参与事前风险预防、事中风险监控，不能有效解决电梯安全问题，无法充分发挥社会管理价值。

第二节　宁波模式——“保险 + 维保监督 + 维修更换”

一、发展缘由

随着电梯行业的蓬勃发展，传统的电梯安全责任保险模式无法参与电梯事前事故预防和事中风险监控环节，无法实现全方位风险保障功能。与此同时，电梯安全监管问题日益凸显，其主要表现为政府监管人力资源缺乏，监管手段落后。物业公司作为电梯使用管理单位，为降低物业成本，压低日常维保费用，导致维保不到位。电梯安全管理员专业知识欠缺，难以甄别维保单位，电梯安全配件更换不及时。小区物业费收缴率不足。维保单位过度竞争、恶性竞争，电梯不按规则保养，以修带养，小病大修，最终导致故障率高。维保单位低价中标，只会降低服务质量，甚至有部分单位中标后，一年一次维保也没做过，导致电梯事故频发。基于从以上各电梯安全监管和运营参与方的角度出发，2016 年，在宁波市形成了“保险 + 服务”的创新商业模式，解决各电梯安全运行过程中利益相关方的矛盾和冲突，实现电梯安全责任保险的发展与升级。

二、发展现状

2016 年 8 月，宁波市鄞州区试点启动电梯“保险 + 服务”模式，由中国人民财产保险股份有限公司自主开发手机 App——“电梯安全卫士”，用于跟踪和监控电梯维保人员的维保行为，利用重要节点记录的方式，通过“二维码打卡”确保维保人员按时查勘电梯的主要部位，避免虚假维保行为并保证每次维保质量。实现了电梯安全管理从依靠行政监管为主向社会综合治理的转变。

宁波市原质监局资料显示，2016—2018 年，电梯安全综合保险在宁波市鄞州区实施两年的试点工作情况来看，已覆盖完成住宅小区 62 个，累计承保电梯 2 315 台。中国人民财产保险股份有限公司“电梯安全卫士”系统监督维保单位完成维保超过 3 万次，每台电梯现场维保的时间从试点初期的 35 min 延长到 60 min，维保时间增加了 71% 左右，维保计划完成率达 100%，电梯平均故障率下降 50%。作为经验推广，截至 2018 年 7 月，电梯安全责任保险覆盖全省 10.5 万台电梯。

2018 年 8 月，宁波市质监局、市金融办、市住建委、宁波保监局等部门联合在鄞州区开展电梯安全责任保险升级工作。在原有责任保险的保障基础上，增加配件更换赔付，实现电梯全生命周期的安全监管，即“风险保障 + 维保监督 + 配件更换”的 2.0 版本。随着电梯安全责任保险升级工作的开展，2018 年 8 月 31 日，鄞州区电梯安全综合保险住宅领域的 2.0 版本首单签约，中国人民财产保险股份有限公司鄞州中心支公司承保中物宁波科技园电梯，提供“乘梯人员 + 维保监督 + 配件更换”的风险保障服务。不但通过责任保险的首要属性，承保乘梯人员的生命财产安全，而且还实现了时时监测电梯风险，引导物业公司及时更换电梯老旧配件，降低发生事故的概率。2018 年 9 月 14 日，宁波市鄞州区印发了公共场所电梯安全综合保险实施方案，这标志着鄞州电梯安全综合保险由住宅领域扩展至公共场所电梯。

三、运行模式

电梯安全责任保险“保险 + 服务”的创新商业模式，主要通过保险公司整合第三方维保维修资源，由保险公司参与电梯日常运行安全管理工作，并对维保维修进行质量监督、零配件更换补偿。具体包括：电梯维保监督、电梯配件维修更换、整梯置换、电梯质量巡查、电梯体检、安全监控、运行数据分析等。实现事前风险预防、事中风险监控、事后风险补偿的电梯全生命周期风险减量管理，共建社会共治体系。其中，2016 年由宁波市主要推出的“保险 + 维保”模式是针对电梯清包模式，解决维保不及时、不到位，以修代保等问题，对维保质量进行监督，维保不合格打回重做。

2016 年下半年，宁波市积极探索电梯安全责任保险工作模式创新，提出了以“保险 + 服务”为核心的电梯安全综合保险，在传统保险基础上创造性引入对维保工作的第三方监督机制。该模式通过引入保险机构进行第三方监督，建立维保择优选择机制。保险公司除承担事故责任赔偿外，还参与维保单位的选择和通过技术手段对其进行监督。

四、与传统模式比较

新模式下，保险机构统一招标选择规模化、规范化的维保单位，与物业公司、维保单位签署三方合同，根据维保质量支付维保费用，从价格竞争转为质量竞争，促进电梯维保市场规范化。同时，保险机构通过组建或者聘请专业技术队伍，运用科技手段，开展对电梯维保质量监控，整合内外部技术资源进行风险灾害的监测、评估与管理控制，提供风险解决方案。

经过鄞州区电梯安全责任保险理念的再升级，保险公司的服务在保证系统线上维保监督、现场巡查以及重大安全隐患报告的基础上实现了三大进步：电梯维保及配件更换的全过程跟踪，通过维保的跟踪，降低配件更换的频率；通过一次性支付，锁定全年配件更换的成本；通过保险公司风险保障兜底，确保配件更换的及时性，保障电梯安全运行。宁波市电梯安全责任保险的“保险 + 服务”再升级，更多地实现了在电梯安全管理领域，保险公司的社会安全监管参与者角色，在创新性扩大赔付范围的同时，更多关注电梯的全生命周期的安全管理。

五、宁波模式总结

宁波市住建委发文支持电梯“保险 +”模式创新，政策导向利好。“支持电梯配件或整机更新的保险方式，全部费用纳入物业专项维修资金支出范围”，有利于电梯安全综合保险 2.0 版本进一步复制和推广。

1. 电梯安全综合保险 2.0 版本服务内容

电梯安全综合保险 2.0 版本服务内容如图 5-1 所示。

图 5–1　电梯安全综合保险 2.0 版本服务内容

2. 电梯安全综合保险 2.0 版本服务流程

电梯安全综合保险 2.0 版本服务流程如图 5–2 所示。

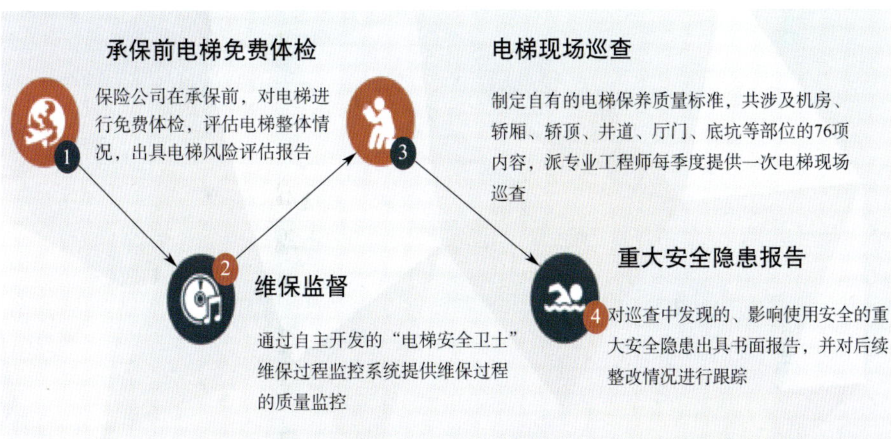

图 5–2　电梯安全综合保险 2.0 版本服务流程

第三节　杭州模式——“保险 + 养老”

一、发展缘由

自 1980 年，如果按照 15 ~ 20 年的寿命计算，我国相当部分电梯已经进入老化期，目前我国对于电梯报废使用年限没有明确的法律规定。电梯运行维护需要经费保障，目前电梯物业管理费低，做不到专款专用，很难保障电梯维保、检验、改造、更新，特别是有的物业公司经营不善或遇到重大电梯故障事故时，电梯风险就会增大。

电梯的使用寿命大多为 15 年，但实际上，不少电梯 10 年左右就需要淘汰或更换安全部件。若定义 10 年为“老龄界限”，截至 2014 年底，我国老旧电梯比例达到 17%，相比 10 年前提升 1 倍，预计 2030 年将达到 50%。随着老旧电梯比例的逐渐上升，市场对于维保、旧梯改造的需求将显著增加，如图 5–3 所示。

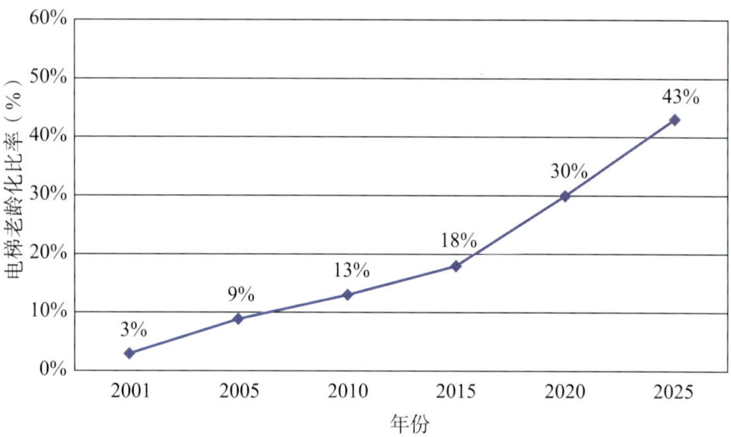

数据来源：2017 年全球电梯行业市场概况及竞争格局分析

图 5–3　2001—2025 年我国老旧电梯变动趋势

2016 年，杭州市“96333”应急处置平台共接到老旧电梯故障报警 3 940 起，占所有电梯故障报警数的 45%。电梯故障高发地区主要集中在住宅小区，电梯老龄化会引起越来越多的故障，并伴随着较大的安全隐患。截至 2017 年 8 月，杭州市在用电梯 106 858 台，其中超过 10 年以上的老旧电梯约 2.5 万台，超过 15 年以上的老旧电梯约 6 000 台。

数据显示，针对杭州市拱墅区 1 800 台未进行“电梯养老保险”投保的老旧电梯，政府每年拿出 400 万元进行电梯的大修改造，但大量的资金投入收效甚微，民众满意度并不理想。因此，仅仅依靠政府财政补贴推动老旧电梯的改造效果不甚理想。

在缺乏整梯报废制度的现实条件下，重点针对老旧电梯的维修改造工作就显得越发重要。一方面，老旧电梯故障频发，在无法进行有效报废的情况下，还需要对其进行大修改造；另一方面，老旧电梯数量规模庞大，往往需要大量的维修改造资金。对于住宅小区来说，物业维修基金的支取受各方条件的制约，因此，如果仅依靠政府的财政补贴进行老旧电梯维修改造，对于电梯安全管理工作的全生命周期来说就显得步履维艰。

在诸多现实困难下，从 2017 年 9 月开始，杭州市拱墅区首次创新提出了“电梯养老保险”的“保险＋养老”投保模式。首创以政府购买服务的方式，引入保险和第三方机构开展电梯“阳光体检”，对维保单位的维保质量进行监管。该模式创新性地将电梯维修、零件更换和电梯置换费用纳入保险赔偿范围，为投保电梯在全生命周期内可能面临的所有风险问题提供保险保障。

二、发展现状

2017 年 9 月 5 日，杭州市拱墅区政府联合保险公司与拱墅区小河佳苑、大浒东苑、清水公寓中的 5 台电梯签订了首批“电梯养老保险”保单，保单内容包括了保费按照电梯年龄划分、维保维修费用可以通过保费转化、乘客受伤可以得到事后补偿等内容。在签下全国首批“电梯养老保险”保单后，小河佳苑、大浒东苑、清水公寓等小区的近 200 台电梯也将陆续试点参保，试点成熟后，在全区范围内推广。

保险公司与杭州市拱墅区市场监管局合作推进电梯全生命周期保障方案，并于 2018 年 1 月正式落地。投保 1 年，赔付按赔付标的的 5% 或 1 万元；连续投保增加一年，赔付比例增加 5% 或 1 万元；连续投保不足 10 年的赔付比例以标的的 30% 或 6 万元赔付；连续投保 10 年及以上的赔付比例以标的的 50% 或 10 万元进行赔付。截至 2020 年底，全区共有 3 590 台电梯参保，其中，住宅电梯参保覆盖率已经超过了 360%。

目前，除了杭州市拱墅区大力推行“电梯养老保险”之外，杭州其他区县也进行了电梯安全责任保险的探索，杭州市余杭区开展了以政府财政补贴为主的电梯安全责任保险工作，余杭区政府批准下发的《余杭区 2014 年电梯安全责任保险补贴办法》规定了对于购买电梯安全责任保险的单位给予一半的保费补贴。2016 年底，余杭区累计注册电梯 23 989 台、在用电梯 20 299 台、投保电梯接近

1 万台，投保率约为 42%。

三、运行模式

首先，杭州市"保险 + 养老"的电梯安全责任保险创新模式重点是指电梯全生命周期的保险，电梯使用管理者将电梯日常维保费用、零部件的维修费用、电梯检验费用等打包组成一定资金，投保到商业保险公司，由保险公司负责对电梯日常维保质量进行监管、零部件维修费用进行支付和出现意外伤亡事故进行赔付，并依据投保年限按比例出资对电梯进行改造更新，如图 5-4 所示。

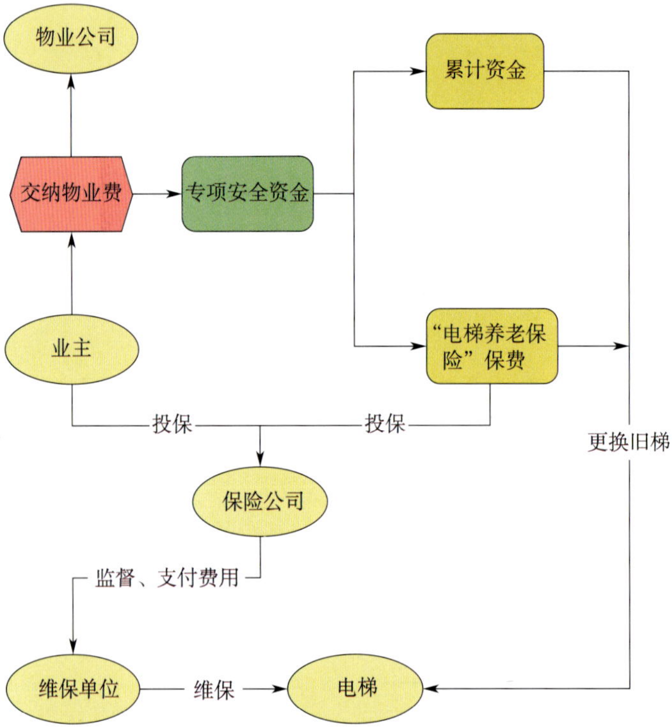

图 5-4　电梯"养老保险"运行模式

具体来说，"保险 + 养老"的运行模式主要分为保前梯检和保后的过程管理，保险公司在收到投保人的投保需求后，首先对标的电梯进行全面体检，并出具梯检报告，对存在的问题进行分析和梳理，对投保电梯进行全方位评估；签订保险合同后，进行电梯运行的风险监控。（1）建立电梯安全运行管理档案，将电梯故障、维修等电梯安全运行状况进行信息化管理。（2）建立日常巡检制度，检查参保电梯维保服务是否符合要求（进井道、查机房、检电梯）。（3）故障报修，第一时间核对确认，对零配件修换定损，如图 5-5 所示。

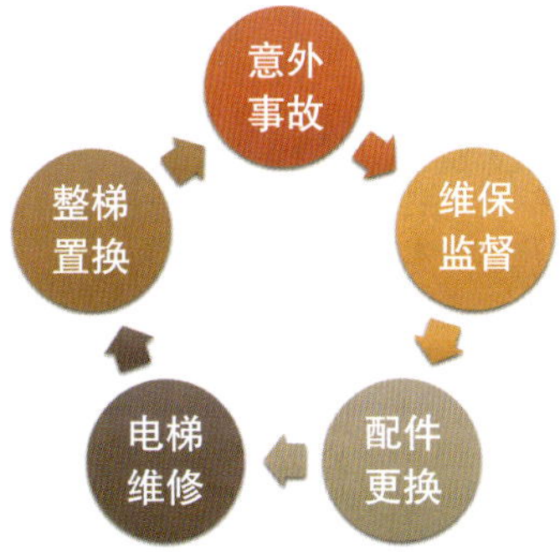

图 5-5 “保险 + 养老”流程

在进行整梯置换时，进行整梯置换的限额赔付，即连续投保 10 年及以上的赔付比例以标的的 50% 或 10 万元进行赔付。控制电梯更新保障的责任限额，降低逆选择风险，提高项目可延续性。

四、与传统模式比较

与传统第三者责任险的统保模式相比较，“保险 + 养老”保险模式的创新主要体现在风险监控的服务过程中，保险公司委托符合资质的第三方技术公司对拟投保的电梯进行承保前检查，排查电梯安全隐患，提出电梯维修整改方案，并通过搭建“电梯监管阳光平台”，以保障电梯的安全运行，通过保险手段解决业主和政府部门最为关心的电梯维修和老旧电梯置换问题。

以杭州拱墅区“三宝郡庭”小区为例，该小区有 36 台电梯，使用不到 5 年，但由于安装、维保、使用不规范等原因导致故障率一直居高不下，仅 2018 年上半年就有 103 次故障，引起小区居民的强烈不满，多次投诉到“12345”市长热线，并被媒体曝光，造成不良的社会影响。该小区于 2018 年 7 月参加了“电梯养老保险”，参保后故障率同比下降了 63.8%，百姓在乘坐电梯时的安全得到了有效提升。2019 年 8 月，该小区 19 幢 1 号电梯变频器损坏，在保险公司积极协调处理下，变频器快速换新，电梯当天就得以恢复运行，电梯保险受到业主、物业的一致好评。

在投保“电梯养老保险”险种后，电梯的安全监管也有了巨大成效，首先是维保速度的提升，基于保险公司对维保单位的费用支持，大大提高了维保员工的效率，平均维保效率提高了 90%。其次，维保速度和效率的提高带来乘梯人满意度的提高。最后，也是最困难的问题主要集中在老旧电梯的大修和改造更新费用难以落实，根据“电梯养老保险”相关规定，保险公司根据使用年限等因素最高给予 10 万元补贴，大大缓解了大修改造的经费来源较难的问题。

五、杭州模式总结

1. 保险赔付范围

保险赔付范围如图 5-6 所示。

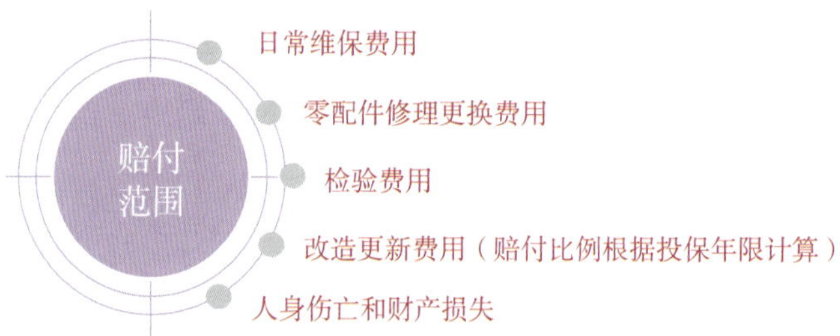

图 5-6　保险赔付范围

电梯投保所需的费用实行一梯一价原则，需根据电梯实际的梯龄、楼层、速率、载重、品牌等参数测算预估费用，再结合体检情况确认最终的投保费用与整改费用。费用随实际梯况不同有所差异。同时，坚持因需制宜，针对部分资金困难的回迁房小区，出台“双 10%”保费降费政策，即当年参保电梯总数的 10% 电梯，保费可在原基础上下降 10%。针对大修或改造过的老小区，保费也可依照体检情况及大修内容，核减梯龄来调费降槛。

2. 保费来源

电梯保险的保费统一从物业口径缴纳，具体由物业和业委会协商承担比例。一般物业承担原来的基本支出部分如维保费、检验试验费、小部分的配件费；剩下与保费的差额部分，由业委会用电梯广告收入等经营性收入补足，也可尝试建立电梯专项资金，以梯养梯。拱墅区已经试点使用住宅专项维修资金利息部分用于参保，补助金额随电梯梯龄相应增减，如图 5-7 所示。

图 5-7　保费来源图

3. 理赔流程

理赔流程如图 5-8 所示。

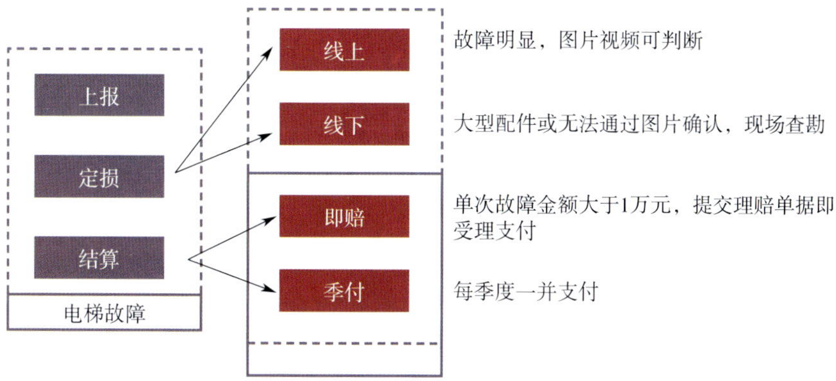

图 5-8　理赔流程图

4. 监督措施

保险公司主要采取如下监督措施：（1）季度巡查。（2）飞行检查。（3）换季专项检查。（4）电梯阳光监管平台云端监控。（5）每季度通过物业了解维保单位日常作业是否及时响应，是否符合安全作业规范（如围护栏、戴安全帽），季度故障率，电梯困人率等情况。对违反相关规定的单位予以警告，必要时在季度维保费结算时进行扣罚。（6）不定期召开回头看座谈会。

第四节　成都模式——“保险＋运营”

一、发展缘由

随着城市发展，截至 2018 年 3 月底，成都全市电梯保有量已达 13.56 万台，其中梯龄 10 年以上的老旧电梯占比约 20%，电梯故障和安全隐患时有发生。近年来，成都市相关部门对电梯维保维修及日常管理的各个环节进行了深入梳理和分析，找到了长期困扰电梯维修的症结所在。一方面，电梯管理涉及多个责任方，由于缺乏有效监督，电梯日常维护不到位，小问题拖成大问题；另一方面，电梯维修费用高、表决难通过。由于维修资金筹集和使用需经“双三分之二”以上业主表决同意，业主意见往往难以统一，这成为电梯维修的“拦路虎”。

针对上述问题，2018 年 5 月，保险公司在成都市质监局组织召开的座谈会中详细介绍电梯“保险＋服务”的创新模式，确立选择新都区开展试点工作。2018 年 10 月，成都市住建局会同市场监管局，指导多家保险公司组成共保体，创新推出了充分体现“保险＋服务＋物联网”新模式理念的“电梯综合保险”，在业主表决同意的基础上，使用维修资金、公共收益等购买“电梯综合保险”，结合影响电梯使用因素，将事前风险防范、事中风险控制、事后理赔服务等均纳入保险服务方案，以化解电梯维修难题。

为积极探索更加及时有效的电梯维保维修保障机制，降低电梯安全风险，以推广“电梯综合保险”为基础，全面推动建立“保险＋服务＋物联网”电梯维保维修新模式，提出“电梯管家”保险产品。该创新保险模式重点体现在率先启用维修资金投保电梯保险，同时联合第三方科技公司在电梯运行中接入物联网平台，实时动态监控电梯的安全运行。

二、发展现状

从 2018 年 2 月开始，保险公司与成都市政府部门联合研究推出电梯“保险＋服务＋物联网”新模式，以 3 年为一个周期，为承保电梯提供安全管理服务，创新性地运用物联网监控设备“机器人小保安”，全面监测电梯运行情况，对电梯故障进行分析预警，为电梯提供长周期的安全管理与风险保障。

2019 年 1 月 10 日，成都市成华区保障房项目“锦城龙苑”与保险公司签署了保险服务协议，购买了“电梯管家”产品，实现了全国首创利用住宅专项维修资金为电梯维修保障购买保险，跨出了住宅维修资金保险化的第一步。

2020 年 4 月，成都市住房和城乡建设局、市场监督管理局、地方金融监督管理局联合印发《关于推广“保险 + 服务 + 物联网”电梯维保维修新模式　保障电梯安全运行的实施意见》，提出普及“保险 + 服务 + 物联网”电梯维保维修新模式，提高全市电梯安全管理水平，并明确提出“电梯综合保险”的保费可在维修资金中列支。

经过一年多的推广，“保险 + 服务 + 物联网”新模式逐步成熟，截至 2021 年 4 月底，全市已有 75 个小区 1 326 台电梯购买了“电梯综合保险”，投保后，50 个小区产生了 440 笔赔付，效果良好，例如，温江水沐怡景小区自 2019 年 6 月投保后，故障次数从 2019 年 5 月的 70 次逐月递减至 2020 年 2 月的 1 次，电梯运行质量得到了有效改善。实施 9 个月后，电梯维修费用大幅缩减，电梯故障率同比下降 98%，涉及电梯问题的投诉同比下降 99%，小区居民满意度大幅提升。

三、运行模式

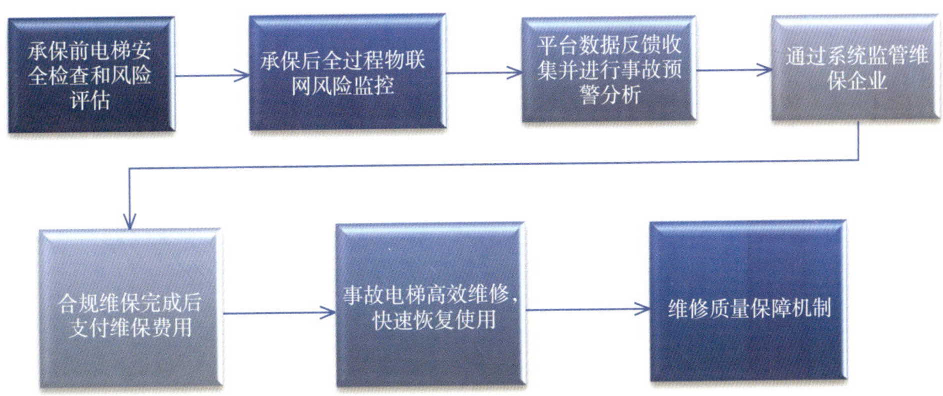

截至2020年底，成都市已形成电梯“保险+维保维修”、电梯“保险+维修”、电梯“保险+维保监督”3个方案。同时委托第三方科技公司研发推广电梯物联网平台，实现投保电梯运行分析、故障预警及维保维修过程管理。同时建立电梯保险指挥中心，负责全市承保电梯监测，为业务开展提供大数据支持。利用政府及电梯行业协会资源，筛选维保合作单位，搭建维保服务商平台，为业务开展提供维保服务支持。

四、与传统模式比较

与传统第三者责任险统保模式相比，成都“保险+服务+物联网”创新模式，重点突出科技引领，基于物联网技术实时监控电梯安全，伴随着电梯维保维修新模式的推广，一种智慧电梯管理新模式正在构建。

具体表现为保险合同开始履行后，由保险公司为每台投保电梯安装专业监控设备，实现在线监控及云端存储，并对电梯运行数据进行统计分析。当电梯数据出现异常时发出报警通知，维保公司可事先对电梯进行异常排查，从而减少电梯带病工作，降低电梯故障率，延长电梯使用寿命。此外，这些数据可为事后责任追溯提供依据，同时对维保公司的维保过程进行监督。“保险+服务+物联网”这一新模式的应用，不仅极大缩短了电梯维保维修从发现故障到响应的时间，还帮助业主节省了费用。

除了上述优势之外，相对每次电梯高昂的维修费用，新模式还具有成本相对低廉，保障充分的优势。据了解，在成都市每年的维修资金使用申请中，电梯维修占比超过60%，每台电梯每次维修花费几千元乃至上万元不等，很多小区电梯每年不止维修一次。而使用维修资金购买电梯维修专项保障产品后，每台电梯每年保费为2 000～3 000元不等，平均每台电梯每户业主每年只需支付几十元维修资金作为保费，相比之下，业主的投入减少，还充分满足了电梯维修对资金的需求。

五、成都模式总结

1.“电梯管家”保险模式

秉承**“保险+服务+物联网”**的理念，搭建**“电梯管家安全管理平台”**，采购第三方科技公司专业监控设备——“机器人小保安”，对投保电梯进行24小时电梯运行安全情况分析

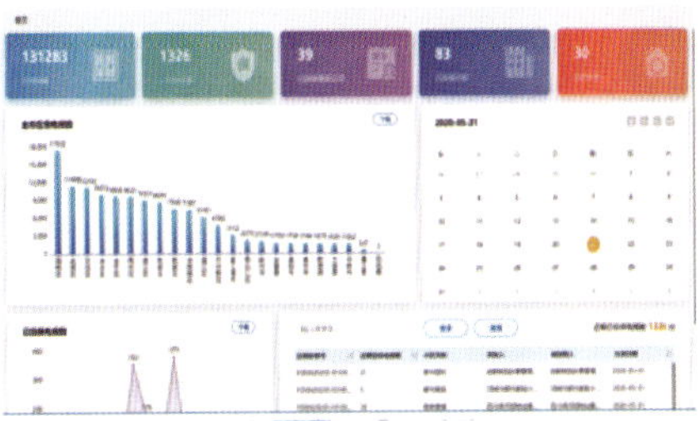

01 电梯运行报告服务

- 收集电梯运行数据，进行学习、分析并形成电梯运行状态报告，供投保人、被保险人查阅

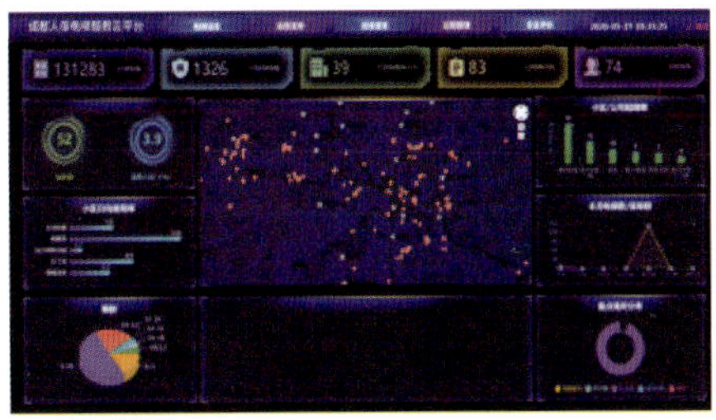

02 电梯故障预警服务

- 对运行异常的电梯，系统自动预警并提示故障区域
- 对超时未处理的异常逐步提升系统报警强度

2.“电梯管家”保费来源

保费标准

电梯楼层、电梯运行速度、电梯使用年限、风勘系数

保费来源

成都市首创运用住宅专项维修资金购买电梯维修保险

人身安全保障

- 业主自筹、公共收益、物业出资、财政资金（农集区或保障住房等）

电梯维保保障

- 物业公司从收取的物业费中列支

电梯维修保障

- 业主自筹、公共收益、物业出资、财政资金（农集区或保障住房等）
住宅专项维修资金

3. 电梯管家服务流程

01 承保前的电梯安全检查和风险评估

02 承保后的运行过程监控

03 通过运行数据分析预判事故隐患

04 通过系统监督维保企业按照标准及隐患事项落实维保工作

05 完成维保后支付维保费用

06 对事故电梯高效维修，快速恢复使用

07 维修质量保障机制

4. 理赔案例

2019年2月8日

成都市某小区电梯出现故障，电梯不关门无法运行

2019年2月9日

维保单位至现场，确认为门机系统损坏

2019年2月10日

物业报案，由维保单位和保险公司人员至现场查勘，确认门机系统未完全损坏，为“门机变频器”部件损坏，具有维修价值，因此定损为部件维修，定损金额由最早的报损金额15 000元降至1 200元

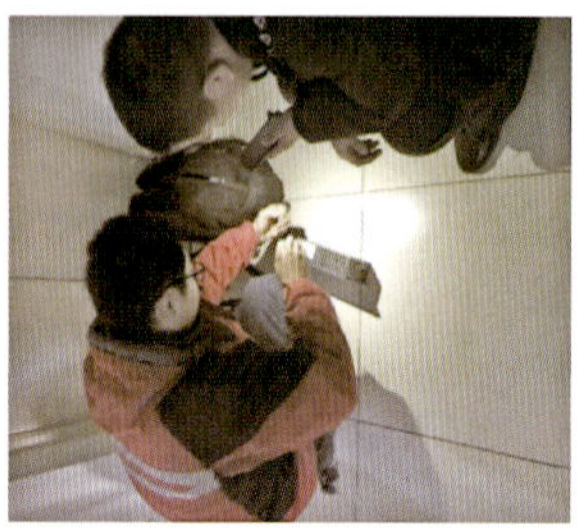

第五节　加装电梯综合保险模式

一、加装电梯出资方式

目前在资金来源方面，除政府财政补贴外，加装电梯普遍采取代建租赁、产权单位出资、业主自筹自建 3 种方式。代建租赁是由业主委托第三方作为实施主体，负责出资加装电梯和后续维护保养，业主乘梯时刷卡付费或按期付费，不需要居民的前期投入，谁使用谁付费。

二、加装电梯面临问题

1. 加装电梯成本高

加装电梯费用包括电梯图样设计 + 正式施工 + 钢结构工程 + 国产一线品牌电梯设备工程 + 外装装潢 + 检验 + 管线移位 + 电梯井费用等，老楼加装电梯很复杂，上下水、暖气、天然气、楼与电梯间距都会影响工程成本，按正常情况估算总体费用在 50 万 ~ 90 万元不等。

2. 加装资金筹集难

当前，政府补贴通常是在加装电梯完成后进行申请的，住建部门提出“居民出一点儿、社会支持一点儿、财政补贴一点儿”的倡议。关于居民出资问题，小区每家怎么出、出资多少又是一个难题，一直是争论的焦点，目前一般按照不同楼层受益出资的原则执行。未来可以从以下 3 点筹集加装电梯保险费用：

一是政府财政补贴。政府财政补贴目前仅涉及加装电梯部分，对于加装电梯后的运营维护、维修保养等费用并未出台补贴政策，所谓“三分建、七分养”，可向政府建议在加装电梯补贴政策中补充加装电梯保险费用，支持加装后的电梯风险保障。

二是住宅专项维修资金。住宅专项维修基金用于住宅共用部位、共用设施设备保修期满后的维修和更新、改造。通过加装电梯保险，盘活资金使用，大幅提高加装电梯维修效率（“表决 1 次保障 3 年”）。现阶段，成都市、杭州市已发文并试点启用住宅专项维修资金投保电梯维修保险，山东省印发《关于印发山东省住宅专项维修资金管理办法的通知》，并提出“有条件的小区可申请使用维修资金，购买与电梯维修、更新和改造有关的保险”。

三是物业服务费、电梯广告盈利。物业服务费是目前电梯保险保费的重要来源之一，可通过增加加装电梯物业服务费以支持加装电梯保险费用。此外，在征得业主同意的情况下，可将电梯广告盈利所得纳入加装电梯保险费范畴。

3. 业主意见征求难

高层住户有迫切需求，低层住户不支持甚至反对，90 万元加装一部电梯，除地下室和一楼外每户 5 万 ~ 6 万元费用分摊，部分地区要求小区居民 100% 同意方可加装，低层业主利益受损，加装阻力较大。

三、综合保险优势分析

1. 从业主角度看，保险公司与业主利益相一致。业主购买保险，保险公司可承担全包责任，双方利益相一致，业主可以放心地委托保险公司进行加装电梯风险减量管理。

2. 从物业角度看，保险公司与物业利益相一致。有利于物业简化加装电梯管理流程、优化电梯管理成本，同时明确事故发生后的经济赔偿责任，有助于提高物业工作的满意度、提高物业费收缴率。

3. 从维保单位角度看，加装电梯保险优化维保行业。协助维保单位进行现场管理，转低价竞争为服务竞争，增加新梯销售渠道，减少应收账款、坏账死账，提升行业价值，共享政策红利。

4. 从政府管理角度看，加装电梯保险为政府提供有力抓手。推动责任主体从被动监管向自觉防范转变，为政府监管部门提供优质、高效、低成本的监管手段，实现加装电梯安全管理从依靠行政监管为主向社会综合治理转变，助力多元共治的工作格局。

5. 从保险公司角度看，加装电梯保险提供加装电梯风险减量管理。是商业模式转型探索实践的内在需求，同时又是社会风险减量管理的外在需要。

四、综合保险实践情况

中国人民财产保险股份有限公司的“加梯保”模式是加装电梯综合保险的典型模式。

2020 年 6 月，在杭州市拱墅区大关街道举办的加装电梯保险签约仪式上，大关西四苑 8 幢 1 单元业主签署了全国首份“加梯宝”保单，实现全国首台加装电梯购买电梯“养老”综合保险。截至 2020 年 8 月，中国人民财产保险股份有限公司承保加装电梯共计 81 台。

未来，“加装电梯”不仅仅是加装电梯，还涉及老旧小区水、电、路、气的全面改造。以老旧小区综合整治为契机，引入社会力量对小区进行全方位改造，使闲置空间合理利用，使老旧小区焕发新的活力。保险可整合升级社区管理产品及服务，将社区中的加装电梯、消防设施、充电桩、建筑物公共部分、公共设施、绿化设施等纳入保障范围，为社区提供一揽子风险解决方案，成为社区居民可以信赖的伙伴。

第六章 电梯安全责任保险发展困境

通过对电梯安全现状及责任保险实施情况的分析、论述，可以发现现阶段我国电梯安全责任保险虽然取得了一定成效、发挥了积极作用，但仍存在顶层设计需完善、投保主体范围有待扩充、保险服务模式尚未成熟、信息机制尚未建立等问题，离预期目标仍有较大差距。

第一节 顶层设计有待完善，需要加大保障性政策措施

总体来说，电梯安全责任保险目前仍是一种公益性险种，国家层面仅以鼓励推广和引导为主。因此造成了目前电梯安全责任保险投保率不高和试点开展地区不平衡等问题。一方面，2014 年实施的《中华人民共和国特种设备安全法》中仅提出了“国家鼓励投保特种设备安全责任保险”的内容。另一方面，“保险 + 服务”“电梯综合养老”等创新保险模式的内容与保险行业的现行管理规范存在不契合之处，险种的备案审查较困难。

安全生产责任保险具备政策基础，2017 年国家安全监管总局、保监会、财政部联合印发《安全生产责任保险实施办法》，对我国实施安全生产责任保险的行业类别、投保和承保主体资质、事故预防以及激励措施、监督管理等方面都做了明确规范，为全国安全生产责任保险的快速、健康发展提供了依据。

近几年，我国鼓励发展特种设备责任保险已经提升到了国家立法的高度，但

是缺乏强制力和具体实施细则，各地对电梯安全责任保险认识程度及其操作模式参差不齐，大大影响了国内电梯安全责任保险的推广工作。虽然，我国各地政府纷纷研究并推广电梯安全责任保险试点工作，但政策法规等顶层引导尚不全面，因此造成了电梯安全责任保险投保率不高和试点地区开展不平衡等问题。此外，电梯安全责任保险强制性要求缺乏依据，我国开展特种设备责任保险的地区多数采取非强制保险的做法，只有少数地区采取强制投保的做法，加之电梯业主和相关单位的投保意识不强、投保意愿不高，造成电梯安全责任保险推广力度不够，电梯投保覆盖率不及预期，电梯安全责任保险的覆盖地区很不平衡。总体来说，经济发达地区开展的多，经济欠发达地区开展的少；管理相对成熟的使用单位开展的多，管理较为落后的使用单位开展的少；使用条件相对较好的设备开展的多，使用条件相对恶劣的设备开展的少。

第二节　电梯责任主体涉及面广，投保主体范围有待扩充

责任保险的标的是对第三者依法应负的赔偿责任，因此明确责任是设立保险的前提，而这恰恰是当前电梯安全管理工作中的薄弱环节。我国电梯安全相关责任方牵扯面广，比机动车更为复杂，涉及制造单位、安装单位、维保单位、检验单位、房地产开发商、物业公司、业主委员会等，存在“买电梯的不用电梯，用电梯的不管电梯”等突出矛盾。同时，保险公司介入电梯行业的安全管理工作范畴，会打破传统电梯产业链各方责任主体间的“潜规则”，形成各方责任主体间严重的利益博弈，易引发各相关方的抵触情况。

目前，单台电梯安全责任保险标的保费并不高，但各相关责任方的购买意愿并不强烈，主要原因在于责任不清、主体不明，导致互相推诿、互相扯皮。特别是对于由业主共同所有的普通住宅电梯，问题更为突出。因此，理顺电梯复杂的责任关系需要平衡相关主体之间的利益，通过立法确认责任主体和投保主体是开展好电梯安全责任保险工作的前提和基础。

第三节　保险服务模式尚未成熟，保险服务需要标准化

现阶段，从市场化角度出发，我国保险公司在电梯险种的保险服务中尚未满足市场需求，服务模式尚未成熟，虽然我国电梯保险市场主体数量已达到一定规模，但由于电梯险种发展时间短，保险公司的业务和经验还不成熟，在电梯投保总量难以形成规模的情况下，单台电梯投保成本居高不下，同时受各方因素制约，出险理赔和增值服务不到位，进一步制约了电梯保险的推广发展。

目前，多家保险公司在需方市场推出了电梯安全责任保险，但多为第三方责任保险，涉及生产、检验、检测等环节的电梯保险险种较少，虽然近几年中国人民财产保险股份有限公司设计和推广了“保险＋服务”等创新模式的新险种，但保险理赔数据尚无法形成规模，因此对于投保保费的科学合理定价也尚未完善。

目前，保险费率确定等保险条款基本内容尚无统一标准。在现有的特种设备责任保险的政策中，只是原则性的规定，保险金额的确定要符合《侵权责任法》和最高人民法院《关于审理人身损害赔偿案件适用法律若干问题的解释》的有关标准及所在省经济发展水平，同时要遵循既依法保障人民群众生命财产权益，又要降低特种设备生产、经营、使用企业投保成本的原则；采用的保险条款应是保险监管部门按照规定审批备案的现行适用险种，相关保险金额、保险费标准和责任范围等应符合所在省的实际情况。这也是许多电梯相关单位投保积极性不高的原因之一。

第四节　信息机制尚未建立，保险数据孤岛亟待解决

目前我国保险业的许多信息系统互联互通不足，“数据孤岛”现象较为普遍，数据活性、共享程度和利用效率都较低。从保险行业市场的宏观环境来看，整个保险行业都面临着成本高、销售难、理赔欺诈等痛点问题，而化解这些问题则急

需开展全方位数字化运营，利用大数据技术对线上线下全面赋能。虽然大数据在智能风控、智能定损、智能核保等传统保险板块都有应用，但有效数据不足、数据孤岛现象严重、风险监管难度大等问题依然存在，距保险数据的高效应用并进入一线业务的期望还有较大差距。

在电梯安全责任保险领域同样面临两大问题。一是内部数据尚未打通，大数据是推动智能风控的前提，从目前可实现的大数据技术上看，我国多家大型险企内部各省分公司的数据尚未打通，其根源是数据来源众多、庞大杂乱、数据记录不规范等问题下的保险行业数据共享服务尚未建立，无法实现与其他企业的数据共享，这不利于险企风控能力的提升，更不利于电梯安全责任保险智能风控的实现。二是数据单一、静态，不具备动态特征。保险公司掌握的数据单一、不够全面，缺乏电梯事故和故障数据、电梯理赔数据、电梯备品备件数据，没有实现跨行业的联动。因此解决“信息孤岛化”问题并非易事，是一个长期的循序渐进的过程。

第七章 电梯安全责任保险制度优化

电梯安全责任保险在我国的发展还处于初级阶段，对提升电梯安全治理的作用还具有广阔空间，应当从加强制度建设入手，积极稳妥地推进电梯安全责任保险的优化和推广工作，推动电梯安全责任保险，为保障电梯安全发挥更大作用。

第一节 推进立法工作，明确责任主体

在许多经济发达国家和地区，电梯安全责任保险已经成为促进安全生产、维护公共安全的重要手段之一，美、德、英、法、加拿大等国家均有针对公共场所必须投保电梯保险的相关法律法规。我国应借鉴国外成功经验和机动车辆交通强制保险的实施经验，加快立法工作，使电梯安全责任保险成为强制保险。同时将电梯安全责任保险保单作为相关企业年检的必备资料，推进电梯安全责任保险的强制实施。

电梯安全责任强制保险的推广实施，可以有效地避免由于电梯责任主体不明时，相互推诿赔偿责任的情况，减少法律纠纷、简化处理程序，确保受害人获得及时有效的赔偿。当前，事故安全责任调查周期较长，致使受害者不能及时获赔。电梯事故无过错责任归责原则的法律规定，虽然顺应了保护受害人的趋势，但面对赔偿责任，电梯管理者却未必有充足的财力赔偿其损害。事故受害人的人身、财产损害如何弥补，使事故安全责任主体承担其应有的责任，既涉及当事人

的个体正义，又关乎整体的社会正义。可以根据风险原理，首先在风险大的领域推广电梯安全责任强制保险，通过立法明确在社区居民楼和学校、医院、车站、机场、客运码头、商场、体育场馆、展览馆、电影院、剧场等公共聚集场所投保电梯安全责任强制保险。建议由电梯使用管理单位投保电梯安全责任强制保险，在立法条文中不明确被保险人，使保险覆盖所有可能的电梯乘客和工作人员，不规定统一的保险条款、金额和费率，由各保险公司根据实际投保情况决定。

第二节　制定行业标准，推广创新模式

目前，保险行业还没有一套全国统一的电梯安全责任保险产品标准，各保险公司在制定产品条款时，各自形成了独特的做法，产品形式比较灵活多样，但缺少标准也限制了电梯安全责任保险的进一步普及和发展，导致投保人无法确定基本保证额度，也导致公众对电梯安全责任保险缺乏认同感，更不利于保险的推广。如电梯困人赔偿，江苏规定被困 2 h 以上的乘客每人最多 200 元，西安规定困人 40 min 至 1.5 h 以内每人补偿 200 元，而有的地区则没有这项保障内容。建议统一最低电梯安全责任保险产品标准，以划定保障底线，制定政策引导实施的具体意见，促进电梯安全责任保险的标准化和普及化。

保险公司要通过全面的市场调研，开发适合市场需求的电梯安全责任保险方案，合理确定保险费率。根据电梯使用性质、场所、类型、数量、寿命、维保状况、附加险（如被保险人员工责任条款、维保工作人员责任条款等）等因素，综合测算保险费率，充分发挥保险的风险管理作用。保险公司还要提升服务水平，成立电梯安全责任保险专项承保理赔服务小组，及时、快速地做好承保、查勘、定损、理赔等服务工作，为客户解决后顾之忧。

电梯安全责任保险在我国的创新发展，衍生出了多种“保险＋服务”模式，已形成一批如宁波、杭州、成都等相对成熟的试点，有的是电梯使用管理单位将维保费托管给保险公司，把保险和维保捆绑在一起，有的是将保险范围拓展至电梯维修和零部件更换，甚至电梯更换新梯时由保险公司给予补贴。下一步，建议认真总结全国电梯安全责任保险创新试点经验，扩大试点范围，发挥市场主体和

保险机制在电梯安全治理中的作用，特别是要引入保险公司参与对电梯维保维修等环节的监督约束机制和对维保人员、乘梯人员的保障机制，促进电梯安全责任保险进一步参与到安全风险管理中来。

进一步提高电梯安全责任保险覆盖率，以广东等地的成功经验为基础，明确保险标准、简化投保流程，在全国范围内推广基础性、普适性的电梯安全责任保险。通过加大政府引导、加强宣传力度等方式，约请龙头制造企业、大型维保单位、连锁物业公司等推广电梯安全责任保险，短时间内促进投保率的大幅提高。保险覆盖率的提高，有利于分担政府责任，让市场机制发挥更大作用；有利于形成规模效应，降低保费水平，提升保险服务质量；有利于扩大保障范围，不仅仅强化事故赔偿，同时加大困人故障等各方面的赔付力度，让电梯保险成为社会共识、让公众出行更加安心。

第三节　撬动保费来源，扩大覆盖范围

住宅专项维修资金主要是用于住宅公共部位的维修，如包括了电梯的修理、零部件的更换等，但由于使用程序烦琐，目前使用率极低，形成大量资金结余与电梯损坏无法及时修理的二元矛盾。随着电梯“保险 + 服务”新模式的逐渐成熟，运用专项维修资金购买电梯保险成为大幅提高维修效率、及时解决电梯安全问题的有效途径。目前在山东、四川成都、浙江杭州等地已出台相关政策，允许从公共维修基金中列支电梯保险保费，成都、杭州也已做了一些试点，有待进一步扩大试点范围。

大力推广试点地区成功经验做法，提升全社会的保险意识，为电梯安全责任保险的发展营造良好的社会氛围。积极协调财政部门和住建部门，在住宅小区专项维修资金和业主缴纳的物业费中抽取一定比例建立电梯安全专项账户，保障电梯安全费用专款专用。探索通过电梯安全专款专项账户中的住宅专项维修资金和物业费用支持购买电梯安全责任保险，促进电梯安全健康发展。

第四节 建立共享机制，打破数据孤岛

建立信息共享机制，一方面，对于保险公司来说，成立电梯保险科技创新项目小组，积极投入人力物力进行保险产品开发、物联网平台设计和商业模式的创新工作。为加强风险管控、促进投保人加强防灾防损工作，保险公司还需建立电梯安全责任保险防灾防损专项基金，主要用于安全培训和安防器材更新等。另一方面，对于政府部门来说，与保险公司建立信息互通机制，共同推进电梯安全责任保险。同时，政府部门也应当做好保险金融市场风险管控，有序引导电梯保险市场健康发展。

保险公司搭建电梯保险信息系统可满足全国各地电梯维保过程监控和电梯零配件管理的需求，后续还将加强科技创新力度，不断开发新的功能，满足各地监管部门和电梯用户的实际需要。目前，电梯各类主体之间存在一定的信息壁垒，导致电梯安全数据互相割裂，形成信息孤岛，无法为安全监管和政策调整提供数据支撑。与此同时，市场监督管理部门也在积极探索以“物联网”“大数据”等技术手段为基础的信息监管政务服务，统一搭建电梯安全运行大数据平台，将数据进行统一整合，整合各专业机构的技术能力，形成技术合力，提升电梯安全治理技术水平，形成共治共享的社会治理体系。

第八章 保险科技新技术应用及发展趋势

《中国保险科技发展白皮书》将保险科技描述为通过在大数据、区块链以及人工智能等领域进行技术性创新，推动保险公司在产品创新、流程优化、管理升级和服务提升等全方位的进步。现阶段，保险科技的投入运用早已不是信息科技时代通过互联网创造新型宣传和销售渠道或线下转线上这么简单，它可以渗透到保险机构的各个领域，使保险公司实现从运营到营销的全方位转型。

云计算、大数据、人工智能等关键技术的日益成熟为保险行业各环节价值链的重塑再造带来机遇。从实际的落地情况来看，保险科技在产品研发环节的应用程度相对较浅，主要是在大数据分析的基础上辅助精算师进行风险定价以及定制化产品开发；在保险营销环节由于其痛点较多并且业务场景更有利于人工智能，大数据等技术的落地，因此成为目前保险科技落地最多的环节；核保和理赔环节，保险科技的价值在于帮助企业提升风控能力和效率以及改善用户体验，而这也是保险公司未来的核心竞争力。具体如图 8-1 所示。

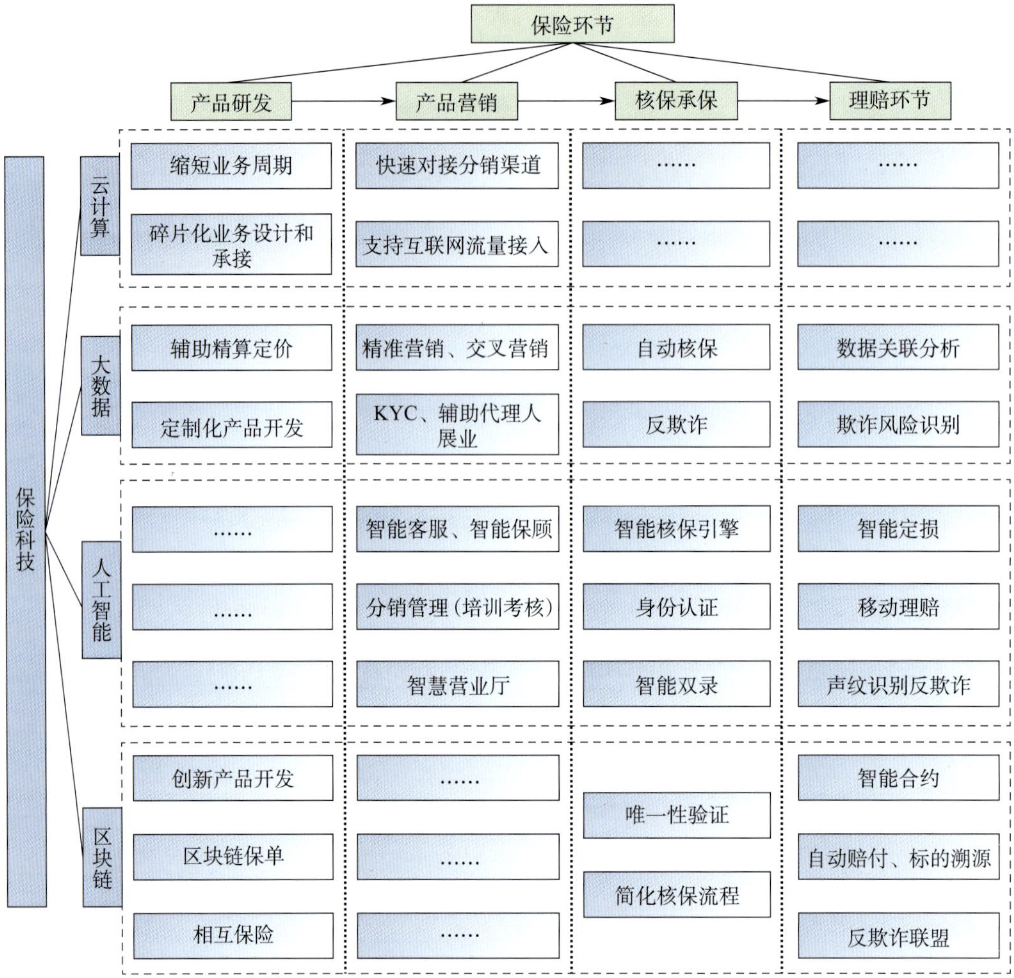

图 8-1　保险科技的应用环节

第一节　物联网赋能“保险+服务”数据采集

首先，物联网可以提供连续的实时监控和检测，对电梯运行过程中的升降速度、承重、外界环境等实时信息进行动态搜集捕捉上传，实现从“间断式检查”的人为监管形式向“全时段动态实时监控”的物联网设备监管形式的转变，减少了监管盲区。

其次，物联网设备采集并提供的大量数据，通过大数据分析工具可以逐步实现从“主观判断”向“智能分析”的转变，精确感知与科学判断可以实现对事故征兆的预判，减少主观判断的失误。

再次，可以实现应急措施的自动响应，当发生安全事故时，传感器检测到相关指标，可以实现快速自动上传报警电梯位置和故障信息、迅速呼叫救援人员到场救援，并通过智能设备对乘梯人员进行应急安全语音指导，避免人为失控造成的不安全操作，尽可能实现故障的有序排查，减少人员伤亡。

最后，监控摄像头、红外装置等设备可用于事后救援工作中的损失识别和判定，精准采取措施进行应急救援和相关补偿。

保险科技与物联网的结合已十分紧密，目前在车辆保险、健康类保险和财产保险应用较广，而电梯安全运营过程中的物联网应用也逐步成熟。全国一些城市和地区在保险公司 + 科技公司的联合研究中，已经取得了一些成果和经验，物联网高科技服务在未来电梯安全责任保险领域有着广泛的市场前景和应用空间。电梯物联网网络拓扑结构如图 8–2 所示。

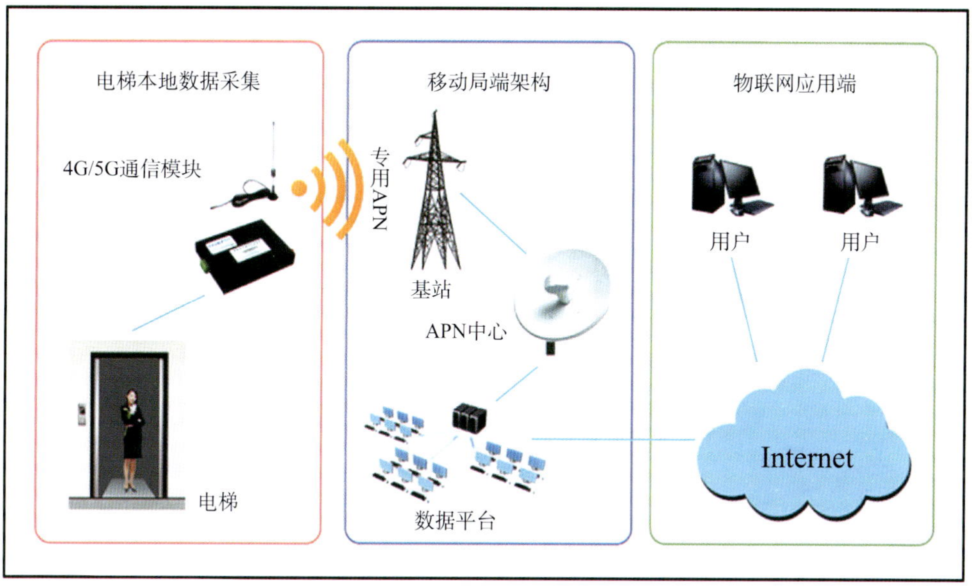

图 8–2　电梯物联网网络拓扑图

第二节　人工智能赋能“保险 + 服务”风险评价

目前在保险行业，人工智能已应用在多种业务场景中，智能客服、图像识别等技术，为保险业自动化处理各类业务流程、降低人工成本、提升运营效率带来了极大的促进作用。在电梯、游乐设施等机电类特种设备领域，已经逐步在日常的监管和执法中，探索利用人工智能技术进行风险因素识别、风险评估和自动预警等工作。图 8–3 和图 8–4 分别揭示了人工智能为财产险和人身险带来的潜在价值。

其中，保险行业呼叫中心业务主要分为呼出（如首先回访）和呼入（如财险保案、业务咨询），截至 2020 年底，头部保险公司的呼出业务已经能够实现 80% 以上的人力替代，而呼入业务由于其复杂性目前替代率相对较低，为 30%～40%，这也是未来人工智能客服的重点攻克方向。对于两核业务，一方面人工智能实现了简单业务线上自动核保核赔，无须人工参与，另一方面在复杂业务下，人工智能通过赋能业务人员的方式大幅提升员工的业务效率（例如核保辅助工具、人工智能培训等），从而在业务增长时保持不增员或者少增员，进而达到节约成本的目的。

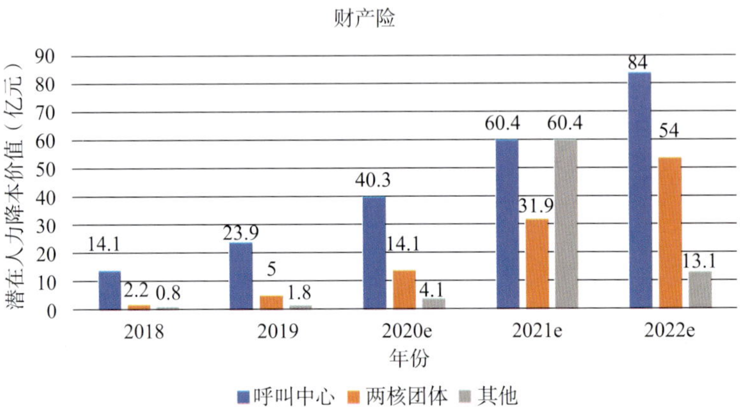

图 8–3　财产险领域潜在人力降本价值

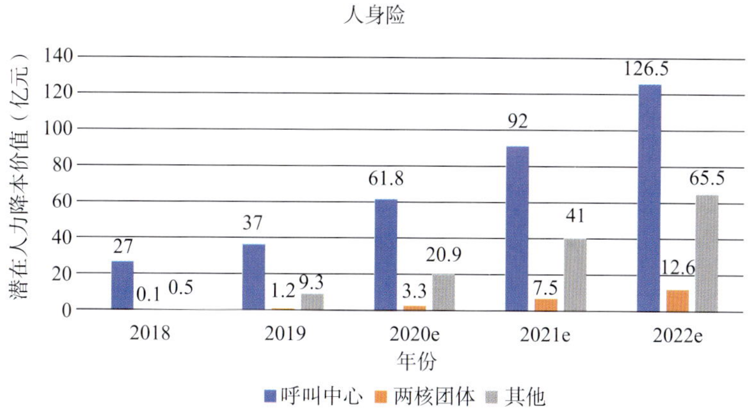

图 8-4　人身险领域潜在人力降本价值

注 1：数据统计仅考虑相关度较高的场景，呼叫中心包含客服和电话座席，其他包括 IT、培训、行政支持岗位等。

注 2：潜在人力降本价值 = 无人工智能参与所需的人力成本（以 2017 年为基准估算）- 人工智能渗透后的人力成本；核算数据时考虑了每年由业务增长所带来的人力成本增长，保守预估业务增重为 13%。

注 3：数据来源为中国保险业协会、《2018 年中国保险行业人力资源报告》、上市企业财报、安家访谈、艾瑞统计模型。

第三节　大数据赋能“保险 + 服务”数据分析

大数据与人工智能是紧密结合的，数据的收集是为了能够分析和预判未来的变化和趋势，而人工智能是通过机器学习的方法，通过数据分析进行预测。大数据在各行业的应用情况如图 8-5 所示。

大数据已在国家机关、计算机、航空、电商、物流、医疗、金融等诸多领域发挥了重要作用，而且这还只是大数据潜在价值的冰山一角。就保险行业而言，大数据也是推动保险业从产品设计到公司经营进行全方位转型优化的核心动力之一。大数据对宏观环境的全面性和高速处理能力使它在公司发展战略上能发挥重要功能；大数据对未来走势的精准预测能大幅降低公司的风险控制成本；新型的能满足客户保险需求的场景型保险产品就是在大数据技术支持下形成的；大数据的巨大体量和多样性能够提高产品定价的精准度；大数据还能有效提高保险中核保理赔等服务的效率和质量。

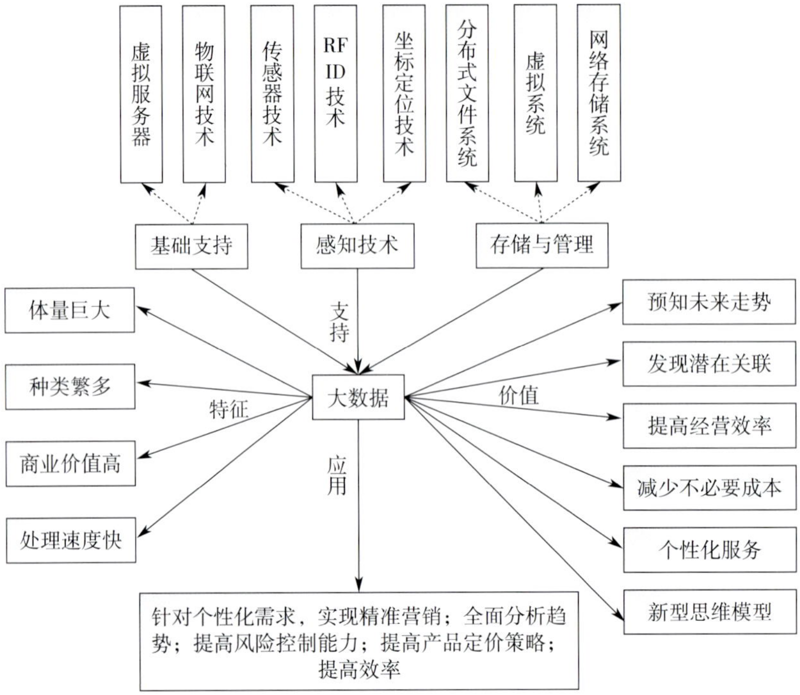

图 8-5　大数据在各行业应用情况

大数法则作为保险行业的最基本原则，其保险产品的定价、精算、盈利模式等都需要大数据技术为保险公司带来更精准的计算结果，并为提高保险公司的盈利能力、精确定位客户、挖掘客户需求等方面带来突破性进步与革新。

大数据技术与保险的完美结合可以从根本上提升保险行业对于设备安全运行中的风险认识，提升风险管理能力，挖掘更多承保需求。在该领域投入的保险资金也会进一步促进大数据和人工智能技术在电梯等特种设备领域的技术进步，有效提升电梯运行过程中风险防控能力和事故预警能力，为保险参与社会治理提供坚实的技术保障，为安全稳定的社会环境作出积极贡献。

第四节　保险科技典型代表——电梯安全卫士

为积极落实中国人民保险集团股份有限公司数字化战略，充分发挥信息化科技赋能业务发展的优势，更好地满足全国电梯安全责任保险业务开展需要，中国人民财产保险股份有限公司不断完善“电梯安全卫士”信息系统，主要功能如下：电梯维保智能管理系统、电梯维修更换智能管理系统、电梯救援派单系统、电梯运行安全监测平台、电梯安全综合评估系统、电梯安全大数据中心、管理中心、对接中心等，同时完善当前系统功能。“电梯安全卫士”系统相关统计信息如图 8–6 ~ 图 8–9 所示。

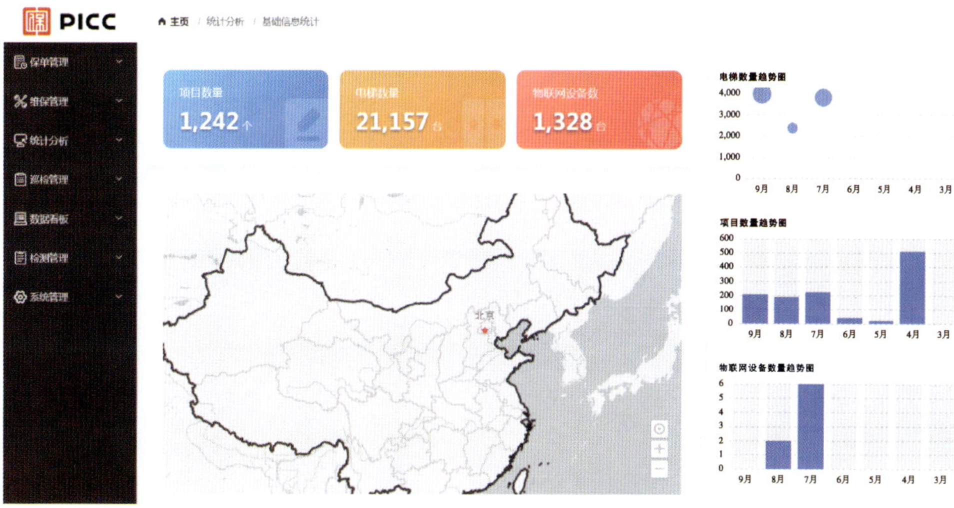

图 8–6　“电梯安全卫士”基础信息统计

图 8–7　“电梯安全卫士”维保统计

图 8-8 “电梯安全卫士”配件更换统计

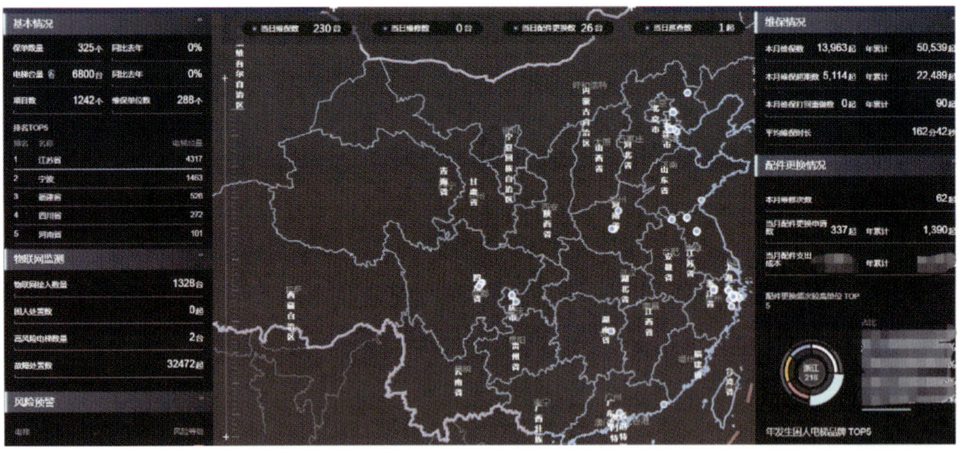

图 8-9 “电梯安全卫士”覆盖范围

第九章 愿景

推动发展电梯安全责任保险，探索有效保障模式，及时做好理赔服务，创新保险机制，优化发展“保险 + 服务”新模式，是深入贯彻落实国务院办公厅关于积极发展电梯安全责任保险要求的有效路径，有利于充分发挥保险机制服务电梯安全管理的作用。目前，电梯“保险 + 服务”“电梯养老保险”“加装电梯保险”等创新服务模式试点工作正有序开展并取得了初步成效，得到了多方认可。未来，应多措并举，继续深化“保险 + 服务”模式，提升电梯安全管理效率，及时有效地惠及民生，化解社会矛盾和纠纷，提升电梯安全总体保障能力和水平。

一是投保经费来源层面，拓展保险投入资金渠道，优化社会成本分担方式。随着电梯“保险 + 服务”新模式的逐渐成熟，运用专项维修资金购买电梯安全责任保险成为大幅提高维修效率、及时解决电梯安全问题的有效途径。住宅专项维修资金主要是用于住宅公共部位的维修，包括电梯的修理、零部件的更换等，但由于使用程序烦琐，目前使用率极低，形成大量资金结余与电梯损坏无法及时修理的二元矛盾。目前在山东、四川成都、浙江杭州等地已出台相关政策，允许从公共维修基金中列支电梯保险保费，推动了保险制度与现有维修制度的有效衔接。与此同时，如何实现业主缴纳物业费中的电梯费专款专用，如何从电梯费中列支一部分用于购买电梯安全责任保险，可以开展探索性的研究与试点工作，进一步扩大电梯安全责任保险经费来源渠道。

二是监管数据应用层面，打通保险与政府监管的数据，提升监管层面的大数据治理水平。目前，电梯各类主体之间存在一定的信息壁垒，导致电梯安全数据互相割裂，形成信息孤岛，无法为监管政策调整提供数据支撑。未来，通过搭建统一的全国电梯安全运行大数据平台，将数据进行统一整合，各参与主体共享数据，整合各专业机构的技术能力，形成技术合力，提升电梯安全治理技术水平，形成共治共享的社会治理体系；推动保险公司加强科技创新力度，重点加强保险产品开发、物联网平台设计和商业模式的创新工作，针对智能系统不断开发新的功能满足各地监管部门和电梯用户的实际需要。

三是服务模式优化层面，继续深化“保险＋服务”模式创新，形成共治共享的社会治理体系。出台标准、规范，促进行业规范健康发展。凝聚共识，夯实模式变革的内在基础，积极营造氛围，做好顶层设计，加快试点先行。齐抓共管，营造“保险＋服务”模式的外部生态，推行完善“保险＋服务”模式的制度体系。创新引领，强化科技赋能的技术体验，建设信息共享平台，形成服务集成体系，完善保险共保平台，打造电梯安全责任保险生态圈。

附录

典型事故案例分析

1. 电梯主要危险及典型事故

（1）电梯机械危险

1）电梯剪切事故。是指因电梯故障或者失控以及违章操作、操作失误、使用不当时，人或物体因承受一对相距很近、方向相反的外力作用，发生横截面沿外力方向发生错动变形的现象。电梯剪切事故多发于电梯出入口，导致剪切事故的因素有人为因素和非人为因素。人为因素包括门锁开关短接、应急按钮短接、门锁电路短接。非人为因素包括门锁开关触点不断开、门锁继电器延时断开或不断开、门锁电路故障短接。由于上述人为因素或非人为因素造成门连锁失效，而电梯在层门开启即未完全关闭时仍可以运行，这种情况下，如果有人在层门与轿厢门之间，就可能发生剪切事故。2015 年 7 月 30 日，浙江杭州市下城区某小区，电梯停靠在 17 层，一名 21 岁女孩进电梯时，轿厢突然下行，女孩被电梯夹住身亡，女孩当时胸部以上部位，特别是头部，被卡在电梯外侧的缝隙当中。调查组在对事故电梯进行勘查并做了相关试验后发现，出事的电梯制动器铁芯间隙为 5 mm，而正常的应为 0.6 mm，间隙明显偏大。该间隙增大会导致电梯运行中制动轮闸瓦磨损，经测量，制动器闸瓦厚度为 5 mm，只有正常厚度的一半。在制动状态下进行盘车试验，能很轻松地向上盘动电梯，这说明闸瓦的制动几乎已失效。

2）电梯挤压事故。是指被运动部件钩住或夹在中间。常见的电梯挤压事故为曳引绳运动过程中挤压作业人员的肢体，轿厢门与立柱间、钢丝绳入口处带入手指发生挤压。比如，电梯门在闭合时，一旦碰到障碍物，门上的安全保护装置会起作用，电梯打开，但是，电梯门在打开时，如果轿厢门与立柱间隙过大，手指可能会被轿厢门带进门与轿厢壁的缝隙，电梯门不会自动闭合，进而挤伤手指。2013 年，鄞州某小区的范先生带两岁的女儿乘坐电梯，到了 12 层目标楼层时，电梯门打开了，但此时小朋友贴在轿厢门上的右手随着门一起被带入了轿厢门与轿厢壁中间狭小的缝隙里，范先生果断将孩子的手使劲拔了出来，小手已变得红肿，还带着乌青，幸运的是，小朋友的手部 X 光片显示并没有伤到骨头。

3）电梯坠落事故。是指因电梯本身部件、相关的工件失控以及违章操作、操作失误、使用不当等造成物体或者人员由高势能位置非正常落下的现象，电梯层门错误开启而电梯又不在本层停车区域时，造成人员踏入井道而坠落的事故。导致电梯坠落事故的因素分为人为因素和非人为因素。人为因素包括门锁电路被短接、利用紧急开锁装置开启层门、在门锁损坏或门锁啮合尺寸过小的情况下用力扒开层门。非人为因素包括层门损坏、强迫关门装置不存在或失效、门锁电路故障短接。事故统计资料表明，电梯在正常运行的情况下造成电梯出入口事故的主要因素是电梯门连锁失效，而导致电梯门连锁失效的主要原因有：电梯失保失修、电梯检修人员违章作业、门锁电路意外短路。2013 年 1 月 14 日，西安某小区发生一起电梯坠亡事故。一名女士在层门打开后顺势迈进门内，不料这时电梯的轿厢并未到达，女士顺着电梯井从 15 层坠落井道，不幸当场死亡。

4）电梯撞击事故。是指因电梯故障或者失控以及违章操作、操作失误、使用不当时，造成的人、运动物体或者固定物相互之间短暂接触发生力的作用的过程，如设备与固定或者运动物体相撞，人撞固定物体、运动物体撞人、人与人互撞等现象。发生电梯撞击事故的原因主要有电梯超速失控，制动器工作失效、平衡系数偏大等。2012 年 5 月 9 日，江苏省连云港市某大厦，电梯在层门、轿厢门均未关闭的情况下溜车下行，轿厢从 17 层下行至墩底，撞击设置在底坑内的液压缓冲器后停在 1 层平层位置以下约 500 mm 处，轿厢底梁受液压缓冲器冲击严重变形，轿厢内 18 名乘客，其中 8 名乘客受伤。事故直接原因为制动器制动力不足。

（2）电梯电气危险

电梯电气危险来源于以下几点：人体与带电部件接触、间接接触，不适当的紧急停止开关，电气元件的装配错误，静电现象，外界对电气设备的影响。以静电危险为例，静电产生的主要形式有两种，即摩擦产生静电和感应产生静电，前者是两种物体直接接触后形成的，通常发生于绝缘体与绝缘体之间或绝缘体与导体之间；后者则发生于带电物体与导体之间，两种物体无须直接接触。静电的危害主要有 3 种：一是可能引起爆炸和火灾，尤其是在易燃易爆的场所；二是可能导致电击，引起坠落、摔倒等次生事故；三是可能影响电气系统工作，引起电气装置误动作，引发事故。例如，在检验某休闲中心电梯过程中发现，乘客有时按该电梯按钮时会突然停梯。分析原因发现当时是冬天，大堂铺了地毯，加之空气干燥，乘客在行走时身体积累了大量的电荷。接触操作盘按钮时，静电导致电梯的电气系统保护失效。撤除地毯后，该现象消除，后期在按钮上安装了防静电贴，再也没有发生此类现象。有时一些不安全因素综合作用，可能会加剧风险，比如底坑积水、线材裸露，在极端情况下，可导致人员触电，引发伤亡事故。1986 年 6 月 27 日，上海市某电梯制造厂发生一起调试人员触电死亡事故。当时技术股长和刚分配来的大学生校验 1 台电梯控制屏，将屏的开门机、显示、方向选层等回路校验结束后，发现控制回路存在问题，产生误动作。于是技术股长分别对 JX、JXF 的线圈进行校验，用电线指向控制屏的反面，由大学生去检查线路，检查结果正确。当技术股长在分析原因时，突然听到大学生的叫声，立即切断电源，但该大学生因伤势过重，抢救无效死亡。事故原因是该大学生未穿戴防护工作服与绝缘鞋，违章穿短袖上衣、短裤、风凉鞋，致使右膝关节上方偏内侧处触及控制屏的电源相线，导致触电死亡。控制屏的金属外壳虽然采用了保护接零，但只能保护调试人员因电气元件或线路漏电触及外壳而引起的间接触电事故，而不能防止调试人员操作时直接接触带电体造成的触电事故。预防同类事故，现场人员应了解电梯电气构造，特别是带电体分布，并按要求穿戴绝缘鞋、绝缘手套、工作服等劳动防护用品。

（3）电梯困人风险

电梯困人，是指因电梯本体、部件或者安全装置发生故障或者损坏，或者缺乏外部动力的情况下，导致设备停止或者不能顺利运转，人员被困（滞留）在轿厢之中不能出来的现象。困人，是电梯的特有或固有的风险，也是常见的电梯故障。《中华人民共和国特种设备安全法》规定电梯轿厢滞留人员 2 h 以上的，为一般事故。按照该规定，只有时间在 2 h 以上的困人才能算作事故。电梯发生故障时，人员被困电梯，实际上是对人员的保护，可以防止不具备相应安全技能的乘客采取不安全的脱困行为，应等待专业人员前来解救，解救过程也应是专业并安全的。当电梯救援人员在 2 h 内无法将人解救时，困人上升为事故，它的事故属性与困人故障关系不大，而是与困人后维保单位或使用单位的不尽责或能力不足高度关联。

电梯困人事故，一个最大的特点，就是在发生事故时危害不大，但在解救过程中不规范的操作会引发次生事故，这些次生的事故破坏性更大。当由于某种原因导致困人时，乘客本身焦躁不安、乘客对电梯服务的负面评价、乘客本身的负面情绪，随着时间推移会越来越糟糕。有时，乘客由于受困时间太长，可能会采取扒门自行逃生的方式，导致其处于不安全状态。以往的很多事故中，乘客在轿厢的密闭空间内是安全的，但采用扒门方式后，反而由此跌入井道造成伤害。2013 年 6 月 25 日，苏州市某小区一名保安在解救一名被困在电梯内的保洁员时，不幸从 10 楼电梯井直接坠落到地下室，当场身亡。事发于 9 时左右，当时有一名保洁员被困在该电梯 10 层，保安迅速赶往现场解救，他通过楼道先冲到 10 层，用脚踹开电梯门后，不料电梯的轿厢又跑到了 12 层，其因用力过猛一脚踩空，直接从 10 层电梯井掉落到地下室。

（4）电梯火灾风险

电梯机房、井道中使用的可燃材料、电缆用的绝缘材料和驱动装置的过载，甚至机房内杂物的堆积，都可能产生火灾危险。2014 年 2 月 6 日 11 时 40 分左右，郑州市某小区 1 号楼电梯井着火，造成 1 名中年女子死亡，另有 7 人被送往医院治疗。2012 年 9 月 19 日，西安市某小区 9 号楼机房着火，出警的消防队员发现为电梯井机房线盒着火。

2. 自动扶梯主要危险及典型事故

（1）自动扶梯的机械危险

自动扶梯机械危险，是指由于机器设计或接近机器的原因，在自动扶梯以及紧邻区域可能发生的机械危险。以自动扶梯与建筑物之间的夹角可能产生的危险为例，其危险情形为与建筑结构（墙、顶、交叉布置）或相邻自动扶梯的人员碰撞导致的人体撞击。2012 年 1 月 29 日，北京市某商场发生伤人事故。一名男孩在独自乘坐自动扶梯玩耍过程中，将头伸出电梯外，被夹在五至六层扶梯与建筑物之间的夹角中，当场身亡。事故发生的直接原因是，悬挂的挡板安装方式以及位置不正确，致使自动扶梯与建筑物之间的夹角空间没有被封闭，危险没有被排除。间接原因是死者自身违反使用规则，将身体和头部伸到扶手外，导致安全保护措施失效。而就在事发自动扶梯与天花板的夹角处，悬吊着一块“小心碰头”的警示牌，且在每层的扶梯口处还摆放着“自动扶梯乘梯须知”，明示“儿童及其他无民事行为能力人员乘梯应有成年人陪同”。

（2）自动扶梯的电气危险

自动扶梯的电气危险与电梯基本一致，此处不再赘述。

（3）自动扶梯的辐射危险

自动扶梯的辐射危险，一是由机器产生的电磁辐射，包括自动扶梯正常运行期间可能产生电磁辐射；二是受到外界的电磁辐射，包括低频辐射、无线电辐射和微波辐射。如果自动扶梯的电气设备产生超过限值的电磁干扰，将影响或破坏其他电气设备的正常工作；如果自动扶梯具有适当的电磁抗扰度水平，则可降低周围设备产生的电磁辐射对其的影响。相关标准要求的电磁兼容性包括：①设备在正常运行过程中对所在环境产生的电磁骚扰不能超过一定的限值；②设备对所在环境中存在的电磁骚扰具有一定的抗扰度。电磁骚扰是指任何可能引起装置、设备或系统性能降低或者对生物或非生物产生不良影响的电磁现象，它可能是电磁噪声、无线信号或传播媒介自身的变化。

（4）自动扶梯的火灾危险

自动扶梯的火灾危险指可燃材料在桁架内部的积聚，电缆用的绝缘材料和驱动的过载都可能产生火灾危险。1987 年 11 月 8 日，英国伦敦地铁因自动扶梯的机房内产生电火花，引燃自动扶梯的润滑油，浓烟顺楼梯通道四处蔓延，由于行驶列车带动气流以及自动扶梯井道的通风作用，火势越烧越烈，人们争先恐后地冲向出口处，许多人被火烧、踩踏或窒息而死。火灾最后造成 32 人死亡（包括一名消防员）、100 多人受伤，地下二层的多台自动扶梯和地下一层的售票厅被烧毁。伦敦地铁事故应该是人为造成的（丢掉的烟头）。标准对此危险已经提出了防护措施，自动扶梯的设计制造也应该满足标准的要求，其导致火灾的原因是管理和维护的问题。预防此类事故，需要加强维修保养以及检查。

（5）自动扶梯忽视人类工效学原则的危险

自动扶梯在设计时忽视人类工效学原则产生的危险，是指设计时忽视使用者的人类工效学尺寸，包括扶手装置的高度、扶手带的宽度；工作场所和进入这些场所通道的照明不足；工作场所空间不足；缺少重物提升装置等。人类工效学是指研究人和系统中其他要素之间相互作用的学科，将理论、原则、数据和方法应用于设计来优化人类生活质量以及整体系统绩效的专业。如“缺少重物提升装置”的设计考虑，如果需要搬动较重部件不方便提升，则可能对作业人员造成职业伤害，如砸伤、压伤等危险。

（6）自动扶梯的控制电路失效危险

《自动扶梯和自动人行道的制造与安装安全规范》（GB 16899—2011）指出了7种自动扶梯的控制电路失效产生危险的原因：危险状态下未制停、短路、过载、停止后机器意外启动、驱动的意外逆转、超速、制停过程中减速度过大。以过载的危险为例。2002年11月25日，武汉某购物中心因拥挤，众多顾客受伤，有14人被送往医院，其中一妇女因胸椎骨折造成高位截瘫。造成事故的直接原因是自动扶梯超载运行。GB 16899针对过载采取的保护措施，是通过正常情况下根据每个梯级可站立的人数来确定自动扶梯的运载能力，以及电动机的驱动功率。对于乘客无序、拥挤地使用自动扶梯，导致电动机堵转、反向溜车以及制动器失效而造成的危险，标准不能有效控制，避免危险的方法是需要通过管理者对乘客干预与疏导。

（7）自动扶梯断裂或破裂危险

自动扶梯在运行期间断裂或破裂产生的危险原因包括：大于规定的使用者和结构载荷作用于桁架上、大于规定的载荷作用于扶手装置上、因为不可预见的误用导致大于规定的载荷作用在梯级或踏板上、大于规定的载荷作用在驱动装置上。桁架、扶手装置、梯级、驱动装置是自动扶梯的主要承载或驱动部件，标准对这些部件提出了具体要求。当大于规定的载荷作用在这些部件上时，会导致部件的断裂或破裂。针对这些危险，自动扶梯在生产、使用中需要采取相关技术和管理措施来减少和消除。

（8）自动扶梯的滑倒、绊倒和跌倒的危险

多数自动扶梯的危险是由于人员的摔倒导致，自动扶梯的滑倒、绊倒和跌倒的危险包括：在梯级、踏板或胶带上以及在梳齿支撑板和楼层板上滑倒，扶手带的速度偏差（包括扶手带的停顿）导致的跌倒，运行方向改变导致的跌倒，由于加速或减速导致的跌倒，由于机器意外的启动或超速导致的跌倒，由于出入口的照明不足导致的跌倒。以由于加速及出入口照明不足为例，某年，一名75岁老人在国内一机场候机楼乘坐自动扶梯时发生摔倒事故，造成锁骨骨折、头皮撕裂的伤害。事发时候机厅灯光只开了一半，自动扶梯在老人到达前处于停止状态，当老人走上自动扶梯时，自动扶梯开始启动并且加速运行，而老人此时由于没有抓住扶手装置，在自动扶梯启动及加速过程中摔倒。《自动扶梯和自动人行道的制造与安装安全规范》（GB 16899—2011）针对上述危险所采取的防护措施，一是考虑行人平均行走速度为 1 m/s，由使用者的进入而自动启动或加速的自动扶梯或自动人行道，在该使用者到达梳齿与踏面相交线时应以不小于 0.2 倍的名义速度运行，然后以小于 0.5 m/s^2 加速。二是自动扶梯或自动人行道的周边尤其是在梳齿板的附近应有照明，在出入口，包括梳齿板处的照度应与该区域所要求的照度相一致，在楼层板平面的梳齿与踏面相交线位置测得的照度不应小于 50 lx。

（9）自动扶梯的特有危险

自动扶梯所特有的危险包括：梯级或踏板缺失；被手动盘车装置卡住；运送除人员外的其他物品，例如购物车、行李车或手推车；爬上扶手装置的外侧；在扶手装置间滑行；翻越扶手装置；在扶手带上玩耍；在扶手装置附近区域堆放物品；由于出入口或连续布置的自动扶梯或自动人行道中间出口封闭导致交通阻塞；相连自动扶梯或自动人行道的客流干扰；在扶手转向端被扶手带提起，从邻近的固定栅栏或自动扶梯和自动人行道的扶手装置处跌落等。2013 年 5 月 14 日，宜昌市某购物中心内一部自动扶梯前晚因检修拆除了一块梯板，未及时安装还原，导致一名老人踩空，坠入自动扶梯内不幸身亡。事故直接原因是维修作业时没有将自动扶梯的控制方式转换到维修状态；间接原因是没有悬挂维修工作的警示标牌、没有在进入自动扶梯的上下端设置隔离栏。2015 年 7 月 26 日，湖北省荆州市某百货公司发生一起自动扶梯“吞人”事故，当时一名 30 岁女子搭乘自动扶梯，到达终点时踩到了松动的梯级踏板上，最终被卷入自动扶梯内部而不幸死亡。导致事故的原因是由于自动扶梯前沿板与盖板之间的连接出现松动，深层原因是电梯生产商的电梯盖板结构设计不合理。